KB215830

당 신 이
헌　　법
이　　다

당신이 헌법이다

대한민국은 민주공화국이다

대한민국의 주권은 국민에게 있고

모든 권력은 국민으로부터 나온다

임지봉 지음

일상을 지키고 내일을 바꾸는 11가지 헌법 이야기

21세기북스

모든 법의 근거가 되는 헌법

우리 헌법 제1조 제2항은 "대한민국의 주권은 국민에게 있고, 모든 권력은 국민으로부터 나온다"고 규정한다. '국민주권주의'를 천명한 조항이다. 따라서 국회의 권력이든, 헌법재판소의 권력이든, 대통령의 권력이든 원래는 주권자인 국민의 것이었다. 이 권력을 국민이 국회에, 헌법재판소에, 또 대통령에 위임한 것이다. 국회, 헌법재판소, 대통령은 권력을 위임해준 주권자 국민의 명령에 따라 위임받은 권력을 대신 행사하는 대행자들일 뿐이다. 윤석열 대통령은 국민이 위임해준 대통령의 권력을 국민의 뜻에 거슬러 오남용했기 때문에 헌재 결정문의 표현대로 '국민의 신임을 배반하여' 파면된 것이다. 윤 대통령에 대해 파면 결정을 내린 것도 8명의 헌법재판관이 아니라, 이들에게 헌법재판권을 위임했고 윤 대통령 파면을 명령한 다수의 국민이다. 이런 의미에서 필자는 헌법 제1조 2항이 우리 헌법 조항 중 가장 중요한 조항 중의 하나라고 생각한다. 또한 국민이 대한민국 헌법을 써 내려가는 통로가 되는 조항이라고 믿는다.

헌법 조항의 이면에 핏자국이 서려 있는 경우도 있다. 1987년에 개정된 현행헌법 제67조 제1항은 "대통령은 국민의 보통·평등·직접·비밀선거에 의하여 선출한다"라고 하여 선거의 기본 원칙 중 하나로 직접선거를 규정하고 있다. 이 "직접"이라는 단어를 헌법에 넣기 위해 박종철, 이한열 등 젊은 청년들의 피의 희생이 있었다. 이처럼 헌법 조항 하나하나는 각각이 그 역사적 배경과 이야기를 담고 있으며, 때로는 그 자체가 시대의 혈흔이기도 하다. 그래서 헌법은 엄숙한 법이다. 헌법개정을 하위 법률 개정처럼 쉽게 입에 올려서는 안 되는 이유다.

헌법은 국민이 만든 최고법이다. 일반 법률은 국민의 대표인 국회의원들이 만들지만, 헌법은 주권자인 국민이 국민투표 등을 통해 만든다. 따라서 헌법의 해석도 최종적으로는 국민의 몫이다. 국민의 헌법 해석은 힘이 있다. 사회변화를 이끌어내고 헌법재판소의 판례에도 영향을 미친다. 따라서 헌법의 힘은 헌법학자들의 이론이나 헌법재판소 판례에서 나오는 것이 아니다. 국민 각자의 헌법 해석과 그에 따른 치열하고 간절한 주장에서 나온다. 헌법학자들의 헌법 해석이나 헌재의 헌법 판례에 따른 헌법도 있지만, 사실은 국민 각자가 자신의 관점에서 헌법을 해석하고 자기 생활의 분야에 헌법을 적용하면서 살아갈 때, 그것이 헌법이 된다.

그런 의미에서 2024년 12월 3일 윤석열 대통령의 위헌·위법한 비상계엄 선포 이후 윤 대통령에 대한 헌재의 파면 결정을 거쳐 현재에 이르기까지, 대한민국 헌법은 앞에서 말한 헌법 제1조 제2항에 따라 국민에 의해 다시 쓰이고 있다고 믿는다. 헌법 연구자의 한 사람으로서 그동안 국민이 써 내려간 헌법에 대해 느낀 점을 책으로 써야겠다고 생각했다. 또한 여러 토론회나 특강 등의 모임에서 일반 국민의 헌법 정신에 대한 지적 열망을 확인할 수 있었다. 헌법을 잘 아는 것은 주권자 국민의 중요한 권리이자 의무이다. 국민이 헌법을 이해하는 데 도움이 될 수 있게 해야겠다는 생각도 책 집필의 동기가 되었다. 그렇지만 이 책은 헌법 조항 중심의 해설서가 아니라는 점에서 기존의 헌법 관련 책들과 차별화된다. 대한민국 헌법의 역사로부터 시작하여 헌법 정신과 헌법적 가치의 실생활 적용에 이르기까지 조금 더 넓은 범위에서 헌법을 다룬다.

21세기북스 유현기 선생의 편집 도움이 없었으면 이 책의 출간은 애초에 불가능했다. 처음 서강대 연구실에서 만나 책에 대해 같이 이야기 나누던 순간부터 책을 출간하기까지 짧지 않은 기간 동안 실로 많은 도움을 받았다. 같이 헌법과 이 책에 대해 이야기를 나누는 것이 겨울을 지나 봄까지 이어지는 기간 내내 큰 행복이었다. 특별히 큰 감사의 마음을 전한다. 윤 대통령에 대한 헌재의 탄핵 결정이 이유 없이 지체되면서 일말의 불안감이 엄습했을 때, 이 책의 집필 자체는 필자에게 만장일치 인용결정에 대한 확신을 다시 붙잡게 해주었고 큰 위로를 주었다.

비상계엄이 선포된 날 밤에 일말의 망설임도 없이 국회로 달려와 용감하게 계엄군과 경찰을 막아섰던 국민, 두 번째 시도 끝에 드디어 윤 대통령에 대한 탄핵소추안이 국회를 통과하던 그 추운 겨울날 여의도 국회의사당 주변의 모든 도로를 가득 메우고 '윤석열을 탄핵하라'고 아침부터 목청껏 구호를 외치던 국민, 살을 에는 추위 속에 은박 보온 담요를 뒤집어쓰고 대통령 관저가 있는 눈 내리는 차가운 한남동 아스팔트 바다 위에서 밤을 지새우던 국민, 대한민국과 대한민국 헌법을 지켜낸 위대한 주권자 국민들께 이 책을 헌정한다.

2025년 5월
신촌 노고산 자락의 연구실에서
임지봉

차례

서문 | 모든 법의 근거가 되는 헌법   5

1부
헌법이란 무엇인가

헌법의 역사   15
헌법, 왜 중요할까   49
헌법의 말을 듣기 전에: 헌법의 구조   51
헌법이 지켰고, 지키고, 지킬 것: 헌법의 특성   60
헌법, 언제나 당신 곁에: 헌법의 이념   78

2부
헌법은 아무도 믿지 않는다
헌법에 나타난 통치구조

권력분립의 원리   111
행정부의 예산안 편성권 vs 국회의 예산안 심의 · 확정권   128
탄핵소추권   134
대통령에 대한 탄핵소추   149
이후의 대한민국과 헌법   165

3부
헌법은 당신이다
헌법이 지키는 가치, 기본권에 대하여

기본권 이야기   175
내 권리 사용 설명서: 헌법 속 다섯 가지 기본권   179
기본권, 어디까지 보호받고 얼마나 제한될까?   196
기본권에 관련된 중요한 헌법적 판례   209
우리 일상 속 기본권에 대한 판례   222

4부
헌법 속 숨겨진 이야기

먼 곳의 당신도 헌법이다: 외국 헌법 알아보기   241
헌법은 자란다: 시대에 따른 헌법 판결의 변화   250

5부
당신이 헌법이다

당신이 헌법을 쓸 수 있다면: 개헌에 관하여   279
매일이 헌법이다   292
내 삶의 제헌헌법   298

1부

헌법이란
무엇인가

헌법의 역사

제헌헌법의 제정 과정

대한민국 헌법의 시작, 바로 '제헌헌법'이다. 초대 헌법을
제헌헌법이라고 하는데, 헌법을 처음으로 제정하는 헌법
이라는 뜻이다. 그 후의 헌법은 다 개정 헌법이라고 한다.
1948년 7월 17일에 공포된 이 헌법은 우리나라가 민주공
화국으로 나아가는 첫걸음이었다. 하지만 이 헌법이 만들
어지기까지의 과정은 순탄치 않았다.

일제강점기와 임시정부

1910년 한일합병조약으로 일제에 주권을 침탈당했다. 1919년 거족적인 3·1기미독립운동 직후 상하이에 대한민국 임시정부가 구성되고, 같은 해 4월 11일에 최초의 민주공화국 헌법인 대한민국 임시헌장이 제정되었다. 우리 민족 반만년 역사상 처음으로 왕이 아닌 국민이 주인이 되는 나라를 선포한 중요한 사건이었다. 대한민국 임시정부 헌법은 그 후 1944년 4월 22일의 대한민국 임시헌장까지 5차례 개정되었다. 제2차세계대전 종전으로 1945년 8월 1일, 일본 천황의 무조건적 항복선언으로 일본이 패망하게 되었고, 우리는 드디어 일제로부터 해방을 맞이하게 되었다.

해방 후 혼란과 제헌국회

해방 후 3년간 남한에서는 다양한 정치 세력들이 권력을 잡기 위해 경쟁했다. 상해 임시정부계의 김구·김규식 등 민족진영, 박헌영이 이끄는 좌익계열, 여운영 등의 중도 좌파, 이승만 등 국제파의 독립촉성국민회 등 여러 지도자들이 각자의 이상을 펼치려 했다. 1948년에 미군정의 주도하에 남한에서만 헌정사상 최초의 국회의원 선거인 5·10총선거가 실시되었고, 단독 선거와 단독 정부를 반대하는 김구 등 임시정부 세력은 이 선거를 반대하며 불참했다.

이렇게 구성된 초대 국회에는 무소속 의원들이 가장 많은 의석을 차지했다. 이승만의 독립촉성국민회, 호남 지주 세력들을 중심으로 한 김성수·송진우 등의 한국민주당이 주요 정당으로 참여했다. 초대 국회는 헌법을 제정하는 '제헌의회'와 일반적인 의회 기능을 수행하는 '통상국회'의 역할을 동시에 수행했다.

제헌헌법 탄생

1948년 5·10 총선거로 구성된 초대 국회는 단순한 국회가 아니라, 새로운 대한민국의 뼈대를 세울 헌법을 제정해야 하는 막중한 임무를 띤 제헌의회였다. 이 중요한 임무를 수행하기 위해 초대 국회는 헌법기초위원회를 구성했다.

헌법기초위원회는 국회의원들 중에서 법률 전문가들을 중심으로 구성되었다. 새로운 국가의 근간이 될 헌법을 제정하는 일인 만큼, 법률에 대한 깊은 이해와 전문성이 필수적이었기 때문이다. 특히 유진오 박사와 권승렬 씨의 역할이 컸다. 유진오 박사는 고려대학교의 헌법 교수로서 헌법 초안의 기초를 담당했고 권승렬 씨는 일제강점기에 문관시험과 변호사 시험에 모두 합격한 뛰어난 법률가로 유진오 박사의 초안을 보완하는 역할을 맡았다. 유진오의 헌법 초안을 원안으로 하고 권승렬의 초안을 참고안으로 토론을 진행하였는데, 두 초안은 모두 정부형태로서 의원내각제, 국회의 양원제, 대법원의 위헌법률심사권을 공통적으로 담고 있었다.

하지만 이 초안은 이승만 당시 초대 국회의장의 강력한 반대에 부딪혔다. 이승만은 강력한 대통령 중심의 정부를 원해 정부형태로서 대통령제, 국회의 단원제, 헌법위원회의 위헌법률심사권을 주장했다. 국회 본회의 단계에서 미군정을 등에 업은 이승만과 한국민주당의 타협이 이루어져 대통령제, 단원제 국회, 헌법위원회의 위헌법률심사제가 제헌헌법에 규정되었다. 한국민주당은 의원내각제의 요소인 국무원제와 국무총리제를 최대한 반영하는 데 만족해야 했다.

이 초대 헌법인 제헌헌법이 1948년 7월 17일에 공포되었고, 제헌헌법에 따라 초대 대통령과 부통령이 의회에서 간접선거 방식으로 선출되었다. 제1공화국 당시에는 대통령, 부통령, 국무총리가 모두 존재하는 독특한 정부형태를 띠었다. 대통령 중심제와 의원내각제의 요소가 혼합된 제헌헌법의 특성 때문이었다. 하지만 1954년 제2차 헌법개정을 통해 국무총리직은 폐지되고, 부통령직만 남게 된다.

제헌헌법 통과 후, 국회는 초대 대통령으로 이승만 당시 국회의장을 선출했고, 1948년 8월 15일, 역사적인 대한민국 정부수립 선포식이 거행되었다.

제헌헌법의 내용 | 전문, 10장, 103조 |

1948년 7월 17일에 공포된 제헌헌법은 대한민국의 첫 번째 헌법으로서, 우리나라의 법적인 토대를 마련하고 민주주의 국가로서의 기틀을 다지는 중요한 역할을 했다. 제헌헌법은 전문과 10개의 장, 총 104개의 조항으로 구성되어 있었다.

제헌헌법 전문에서는 "기미 삼일운동으로 대한민국을 건립하여 세계에 선포한 위대한 독립정신을 계승하여 이

제 민주독립국가를 재건함에 있어서"라는 문구를 통해 광복 후에 수립된 대한민국정부가 대한민국임시정부의 독립 정신을 계승한 후속 국가임을 분명히 하였다. 1948년에 정부수립을 통해서 '국가를 재건'한다는 표현은 건국이 이미 1919년에 됐다는 뜻이다. 그런데 이 헌법 전문을 만드는 데 주도적인 역할을 한 것이 '이승만이 건국의 아버지이며 건국 연도가 1948년이다'라고 주장하는 뉴라이트들이 신처럼 떠받드는 이승만이라는 것이 굉장히 아이러니하다.

'제1장 총강'에서는 민주공화국, 국민주권 원리, 국제평화주의 등 헌법의 기본 원리를 규정하고 대한민국의 영토를 명시했다. '제2장 국민의 권리·의무'에서는 다양한 기본권을 보장하고, 노동삼권, 생활무능력자의 보호, 가족의 건강 보호 등 사회적 기본권도 규정되었다. 특히 '사(私)기업에 있어서 근로자의 이익 분배 균점권'이라는 강한 사회국가적 경향을 띠는 사회적 기본권들도 제헌헌법에 등장하였다. 이는 당시 해방 공간의 사회주의적 분위기와 지식인들의 영향을 반영한 것으로 해석된다.

'제3장 국회'에서는 단원제 국회가 규정되었고, 국회의 탄핵소추권을 보장했다. 국회가 소추한 탄핵 사건을 심판하기 위해 법률로 탄핵재판소를 설치하게 했다. 탄핵재판소는 부통령이 재판장이고 대법관 5인과 국회의원 5인이 심판관이 되게 했으며 탄핵 결정은 심판관 3분의 2 이상의 찬성을 요했다. '제4장 정부'에서는 대통령과 부통령을 국회에서 간선하도록 규정했으며, 임기는 4년에 1차에 한해 중임이 가능했다. 대통령은 법률안거부권뿐만이 아니라 의원내각제 국가에서나 가능한 법률안제출권도 가졌으며, 비상시 국가긴급권으로서 계엄선포권과 긴급명령권도 가졌다. 대통령의 권한에 속하는 국가 중요정책을 의결하는 기구로 대통령, 국무총리, 국무위원들로 구성되는 국무원(지금의 국무회의의 전신)을 두었는데, 국무총리는 대통령이 임명하되 국회의 승인을 얻도록 했다. '제5장 법원'에서 법관의 임기를 10년으로 하고 연임이 가능하도록 했으며, 대법원장은 대통령이 임명하되 국회의 승인을 얻도록 했다. 법원이 제청한 위헌법률심판을 위해 헌법위원회를 두었는데 부통령을 위원장으로 하여 대법관 5인과 국회의원 5인으로 헌법위원회를 구성하였으며 헌법위원회의 위헌결정을 위해서는 위원 3분의 2 이상의 찬성을 요했다.

'제6장 경제'는 '자연자원의 원칙적인 국유화'와 '경자유전(耕者有田)의 원칙에 입각한 농지개혁'을 규정하는 등 사회화의 경향이 농후한 경제질서를 추구했다. 농지개혁을 이끈 조봉암 초대 농림부 장관은 이후 이승만 정권에 의해 정치적으로 탄압받기도 했다. 6·25전쟁 후 1956년 5월에 치러진 제3대 대통령 선거에 진보당 후보로 나서서 216만여 표를 얻어 500만여 표를 얻은 이승만에 이어 2위를 차지하였는데, 관권·금권이 총동원된 부정선거에서 조봉암이 얻은 이러한 성과는 이승만을 긴장시켰고, 결국 이승만 정권은 조봉암에게 간첩죄 등의 누명을 씌워 그를 법정에 세웠다. 1958년 7월의 1심 판결은 조봉암에게 간첩죄를 인정하지 않았고, 단지 불법 무기 소지 등을 근거로 5년형을 선고했다. 그러자 이 1심 판결에 놀란 이승만 정권은 적극적으로 재판에 개입하기 시작했고, 2심과 3심이 이승만 정권에 가까웠던 법관들에게 배정되어 권력의 시녀가 된 사법부가 사형선고를 통해 1959년 7월 31일에 사형이 집행되는 '사법(司法)살인'을 저질렀다.

'제7장 재정'에서는 조세법률주의와 1년 예산주의 등이 규정되었고, '제8장 지방자치'에서는 지방자치단체의 조직과 운영 및 사무 범위에 대해 법률로 규정할 수 있게 하였다. 끝으로 '제9장 헌법개정'에서는 헌법개정안에 대해 국회에서 재적의원 3분의 2 이상의 찬성으로 의결하면 대통령이 이를 즉시 공포하게 하였다. 제헌헌법의 개헌 절차에는 국회 의결만 있었을 뿐, 국민투표가 없었다. 헌법개정이 국회의 의결(재적의원 3분의 2 이상의 찬성)만으로 가능했던 것이다.

1차 개정헌법 | 1952. 7. 7. 발췌개헌 |

1952년, 6·25전쟁의 포화 속에서 대한민국은 또 다른 격랑을 맞이했다. 이승만 대통령의 권력욕과 야당의 반발이 충돌하며 헌정 사상 초유의 '발췌개헌'이 이루어진 것이다.

발췌개헌의 탄생

이승만은 초대 대통령으로서 막강한 권력을 휘둘렀지만 국회 내에서 점차 지지 기반을 잃어갔다. 특히 1950년 5월 30일에 실시된 제2대 국회의원 선거에서 야당인 한국민주당의 의석수가 증가하면서 위기감을 느낀 이승만은 대통령 간선제를 국민 직선제로 바꾸고, 양원제 국회를 도입하여 자신의 권력을 강화하려 했다. 이에 한국민주당은 이승만의 권력 전횡을 막기 위해 의원내각제 개헌안을 제출했다. 하지만 양측의 개헌안 모두 국회에서 부결되면서 정치적 대립은 더욱 심화되었다.

6·25전쟁 중 부산 피난 정부 시절, 이승만 정부는 야당 의원들을 강제로 연행하고 국회를 포위하는 등 강압적인 분위기 속에서 개헌안을 통과시켰다. '부산정치파동'을 통해 야당 국회의원 50명을 태운 국회 통근버스를 헌병대로 연행했고, 이 과정에서 국회의원 10명에게 국제공산당 연루 혐의를 씌워 체포하였다. 또한 비상계엄을 선포하고 친정권 청년단체들을 동원하여 국회를 완전히 포위했다. 그리고 국회의원들의 자유로운 토론도 없이 기립 투표 방식으로 개헌안을 통과시켰다. 이때 통과된 개헌안은 이승만 정부와 한국민주당의 개헌안 내용을 일부씩 발췌하여 절충

한 것이었기에 발췌개헌이라 불린다. 이 과정에서 헌법개정 절차를 위반하고, 국회의원들의 자유로운 토론과 의결권을 침해했다.

발췌개헌의 주요 내용과 문제점

이승만은 국회에서 자신의 인기가 떨어지고 야당의 의석수가 증가하는 상황을 타개하기 위해 대통령·부통령 직선제를 도입했다. 이를 통해 국민적 지지를 확보하고 재선에 성공하려 했다. 또한 견제 세력의 분산을 통해 권력을 강화하려 상원(참의원)과 하원(민의원)으로 구성된 양원제를 도입했지만, 실제로 참의원 선거는 실시되지 않았다. 국회의 국무원 불신임제 신설로 국회가 국무총리와 국무위원에 대한 불신임권을 행사할 수 있게 했다. 국무총리와 국무위원은 국회에 대하여 국무원의 권한에 속하는 일반 국무에 대해서는 연대책임을 지고 각자의 행위에 대해서는 개별책임을 지도록 헌법에 규정하였다.

1952년 7월 7일, 6·25전쟁 중 부산에서 이루어진 1차 개정헌법(발췌개헌)은 여러 가지 문제점을 안고 있었다. 첫째,

위헌적인 개정 절차였다. 이승만 정부와 야당이 각각 공고한 개헌안을 국회 심의·의결 과정에서 발췌하여 절충한 개헌안을 다시 공고하는 절차를 거치지 않고 의결했다. 이는 헌법에 규정된 개정 절차 중 하나인 공고 절차를 명백히 위반한 것이다. 둘째, 국회 심의·의결 과정에서 국회의원들의 자유로운 토론이 보장되지 않았고, 강압적인 분위기 속에서 의결이 이루어졌다. 이는 민주주의의 기본 원칙인 적법절차 원칙에 어긋나는 행위였다.

발췌개헌은 이승만 대통령의 권력욕과 독재 시도의 시작을 알리는 사건이었다. 헌법개정 과정에서 민주주의적 원칙이 훼손된 사례로, 한국 헌정사의 어두운 단면을 보여준다. 이후 한국 정치사는 권력 투쟁과 민주주의 후퇴, 그리고 이를 극복하려는 국민들의 노력으로 점철되게 된다.

2차 개정헌법 | 1954. 11. 27. 사사오입 개헌 |

1954년 이승만 대통령은 자신의 장기 집권을 위해 또 한

번 헌법을 개정했다. 이른바 '사사오입 개헌'으로 불리는 이 헌법개정은 절차상의 문제점과 내용상의 위헌성으로 인해 큰 논란을 불러일으켰다.

개정 과정의 문제점

전쟁이 끝났으니 이승만이 영웅이 된 상태였다. 통일은 못했지만 전쟁을 막아냈다는 것이다. 1954년 5월 민의원 선거에서 이승만의 자유당이 압승을 거두자, 이승만은 기세를 몰아 헌법개정을 추진했다. 개정안의 핵심 내용은 초대 대통령(이승만 자신)에 한해 중임 제한을 철폐하는 것이었다. 이미 4년을 중임을 했는데 임기가 끝나가기 때문이었다.

당시 헌법에 의하면 개헌안이 국회 의결을 통과하려면 국회 재적의원 3분의 2 이상의 찬성, 136표가 필요했다. 그러나 개표 결과 135표로, 1표 차이로 부결이 선언되었다. 이에 자유당은 '사사오입(반올림)'이라는 수학상의 원리를 적용해 총 203명 재적의원의 3분의 2는 135.33이므로 반올림하면 정족수가 135라고 주장했다. 결국 자유당 의원들만 참석한 가운데 전날의 부결 선언을 번복하고 가결을 선포하였다.

  이것은 명백한 절차상의 하자를 띠는 위헌적인 개헌이었다. 소수자 보호와 현상 유지 존중의 원칙 때문에 국회에서 표결이 가부 동수일 경우 부결로 간주되기 때문이다. 따라서 1954년의 제2차 개헌은 첫째, 국회 의결정족수에 미달했고, 둘째, 초대 대통령에 한해 중임 제한을 철폐하는 것은 평등 원칙에 위배된다는 문제점을 가진다.

개정 내용

이 개헌의 주된 내용은 부칙을 통해 초대 대통령에 한하여 중임 제한을 철폐한 것이다. 이승만은 장기 집권의 발판을 만들었다. 국무총리제를 폐지하고, 부통령의 대통령직 승계를 규정하여 의원내각제적 요소를 약화시켰다. 주요 공공기업의 국·공유화 규정을 삭제하고, 천연자원의 국유화를 법률에 의한 특허로 바꾸는 등 자유시장경제 체제로의 전환을 시도했다. 헌법개정안에 대한 국민발안제를 신설하여 민의원 선거권자 50만 명 이상이면 헌법개정 제안이 가능하도록 했다.

사사오입 개헌은 이승만 대통령의 권력욕이 민주주의적 원칙을 심각하게 훼손한 대표적인 사례이다. 이 개헌은 이승만 대통령의 장기 집권 시도를 위한 발판이 되었으며, 절차적, 내용적 위헌성으로 큰 논란을 불러일으키면서 한국 헌정사의 어두운 단면을 보여주었다.

3차 개정헌법 | 1960. 6. 15. 제2공화국의 성립 |

1960년 이승만 정권의 독재와 부정선거에 맞서 국민들은 4·19 혁명을 일으켰고, 이승만 대통령은 하야했다. 이 혁명의 결과로 탄생한 제2공화국은 민주주의를 향한 국민들의 열망을 담아 헌법을 개정했다.

3·15 부정선거와 4·19 혁명

1956년 대선에서는 민주당 후보였던 신익희 후보가, 1960년 대선에서는 민주당 후보였던 조병옥 후보가 선거 기간 중 급사하여 이승만은 큰 어려움 없이 대통령에 당선될 수 있었으나, 부통령 선거에서 자유당 후보인 이기붕보다 민주당 후보인 장면이 앞서자 1960년 3월 15일의 정·부통령 선거에서 부정선거가 자행되었다.

전국적인 부정선거 규탄이 이어지는 가운데 분노한 국민들은 전국적으로 시위를 벌였고, 학생들은 총궐기했다. 정부가 무차별 발포와 비상계엄 선포로 맞섰지만 국민들의 저항은 더욱 거세졌다. 4·19 의거가 일어났고 결국 4월 26일에 이승만 대통령이 하야했다.

이에 허정 과도정부하에 6월 15일에 제6차 개헌안이 국회를 통과하게 되면서 제2공화국이 출범했다. 이 제3차 개헌은 우리 헌정사상 최초로 합헌적 개정 절차에 의해 진행되었다.

개정 내용

대통령 중심제에서 순수 의원내각제로 정부형태를 변경했다. 이를 통해 권력 분산과 의회의 역할을 강화했다.

헌법재판소를 도입해 법률의 위헌여부심사, 헌법에 관한 최종적 해석, 국가기관 간의 권한쟁의, 정당의 해산, 탄핵재판 등을 관장하도록 했다. 하지만 1년 후 일어난 5·16 군사 쿠데타로 실제로 헌법재판소는 설립되지 못했다.

　기본권 조항도 강화되어 기본권의 본질적 내용 침해금지 조항이 신설되고, 언론·출판의 자유를 보장하기 위해 검열제나 허가제 금지하는 조항을 명문화했다.

　또한 중앙선거관리위원회가 헌법기관으로 격상되었으며, 정당 조항을 신설해 복수정당제가 보장되고, 대법원장과 대법관 선거제, 지방자치단체장 직선제가 신설되었다.

4차 개정헌법 | 1960. 11. 29. 부칙 개정 |

1960년 4·19 혁명으로 이승만 대통령이 하야하고 제2공화국이 출범했다. 새로운 정부는 과거 독재 정권의 잘못을 바로잡고 민주주의를 확립하기 위해 노력했다. 그 일환으로 11월 29일, 4차 개정헌법이 통과되었다.

제2공화국 출범

개정헌법에 의해 1960년 7월 29일에 민의원과 참의원 선거가 실시되었다. 8월 2일에 양원합동회의에서 윤보선이 대통령으로 선출되고 8월 19일에는 장면이 국무총리로 인준되어 제2공화국 정부가 출범하였다.

4월 혁명 정신의 계승을 주장하는 학생들을 중심으로 반민주행위자 처벌을 위한 특별법 제정의 목소리가 높았고, 학생들이 국회의사당을 점거하는 사태까지 발생하였다. 이에 3·15 부정선거의 원흉과 이에 항거한 자들을 살상한 자들에 대한 처벌의 헌법적 근거 마련을 위한 헌법개정안이 11월 29일에 국회를 통과하였다.

개정 내용과 문제점

헌법 부칙에 부정선거 관련자, 반민주행위자, 부정축재자들을 처벌할 특별법 제정의 근거를 마련했다. 이와 관련하여 소급입법 제정이 가능하게 되었다. 그리고 이들의 처벌을 위한 특별재판소와 특별검찰부 설립도 부칙에 규정되었다.

하지만 소급입법의 위헌성이 있었다. 소급입법에 의해

참정권과 재산권을 제한할 수 있게 한 것은 헌법상의 기본 원리에 위배된다는 문제점이 있었다. 소급입법은 법 제정 이전에 발생한 행위에 대해 법을 적용하는 것이므로 법적 안정성을 해칠 수 있다.

장면과 윤보선은 같은 민주당에 소속돼 있었지만 신파와 구파로 나뉘어져 갈등이 있었다. 갑자기 들어선 의원내각제 민주 정부에서도 많은 데모들도 있었다. 그러자 이를 사회 혼란으로 단정한 박정희 장군이 부하 차지철 등을 이끌고 1961년 5월 16일 군사 쿠데타를 일으키면서 제2공화국은 막을 내린다. 박정희는 국가재건최고회의를 만들어 국회와 행정부의 역할을 대신했다. 이후 군복을 벗고 민간인으로 대통령에 출마하여 당선되었다.

4차 개정헌법은 과거 청산을 위한 노력의 일환이었지만, 소급입법의 위헌성 논란과 제2공화국의 짧은 존속으로 인해 그 의미가 퇴색되었다.

5차 개정헌법 | 1962. 12. 26. 제3공화국의 성립 |

1961년 5·16 군사 쿠데타로 정권을 잡은 박정희는 민정 이양을 명분으로 헌법을 개정했다. 1962년 12월 26일 공포된 5차 개정헌법은 제3공화국의 시작을 알리는 헌법이다.

5·16 군사 쿠데타

1961년 5월 16일, 박정희 장군 등 무장군인들이 군사 쿠데타를 일으켜 정권을 장악했다. 국가재건비상조치법을 제정하여 제2공화국 헌법의 효력을 제한하고, 국회를 해산했다. 국가재건최고회의를 구성하여 입법부와 집행부의 역할을 수행하게 하였다.

민정 이양을 명분으로 비상조치법을 개정하는 방식의 개헌을 추진하면서, 1962년 12월 6일에 국가재건최고회의의 의결을 거친 헌법개정안을 12월 17일 국민투표로 확정하였다. 이때부터 개헌 절차에 국민투표가 추가되었다.

개정 내용

정부형태가 의원내각제에서 대통령제로 복귀하였다. 대통령 임기는 4년으로 1차에 한해 중임할 수 있도록 규정했다. 양원제에서 단원제 국회를 채택하였다. 위헌법률심사권을 대법원에 주었고, 탄핵은 탄핵심판위원회가 관장하도록 했다. 탄핵심판위원회는 대법원장을 위원장으로 하고 대법원 판사 3인과 국회의원 5인의 위원으로 구성했다. 대법원장을 심판할 경우에는 국회의장이 위원장이 되게 했고, 탄핵 결정에는 구성원 6인 이상의 찬성을 요했다. 극단적인 정당 국가화 경향을 추구하여, 정당 추천이 없으면 대통령이나 국회의원으로 출마할 수 없었고 당적을 변경하면 의원직을 상실하게 하였다. 기본권 조항에서는 인간의 존엄권 조항이 신설되었다.

1차 사법파동

1962년 5차 개정헌법은 위헌법률심사권을 대법원에 부여했다. 이는 미국식 제도를 도입한 것으로, 대법원이 헌법에 위반되는 법률을 심사하고 판단할 수 있게 된 것이다. 하지만 대법원은 오랫동안 위헌결정을 내리지 않다가, 1970년 국가배상법 제2조 제1항 단서에 대해 위헌결정을 내리면서 큰 파장을 일으켰다.

국가배상법 제2조 제1항 단서의 내용은 군인이나 경찰 공무원이 전투나 훈련 중에 다치거나 사망한 경우, 법률이 정하는 보상금만 지급하고 국가를 상대로 배상 청구 소송은 제기할 수 없다고 규정했다. 이는 군인과 공무원도 국민으로서 공무원의 부당한 행위로 손해를 입었을 경우 국가배상청구권을 행사할 수 있어야 한다는 현행헌법 제29조가 보장하는 기본권에 위배되는 조항이었다.

베트남 전쟁 파병과 관련하여 박정희 대통령은 국가배상법 제2조 제1항 단서를 정말 잘 활용하고 있었다. 베트남에 파병된 군인들이 상관의 부당한 지시로 사망하거나 다칠 경우, 국가배상청구 소송을 막아 국가 재정 부담을 줄일 수 있었기 때문이다. 따라서 대법원이 이 조항에 대해 위헌결정을 내리자 박정희는 격노했다.

박정희는 위헌결정에 표를 던진 대법관들의 연임을 거부하고, 중앙정보부(지금의 안기부)를 통해 이들을 취조하는 등 사법부를 탄압했다. 이에 젊은 판사들을 중심으로 사법권 독립 침해에 대한 반발이 일어났고, 대규모 사표 제출 등 1차 사법파동이 발생했다. 이 사건은 사법부 독립 훼손과 권력의 사법부 장악 시도의 대표적인 사례로 기록되고 있다. 이후 많은 판사들이 법원을 떠났고, 유신헌법 시기에 남은 판사들은 권력의 시녀로 전락하고 말았다.

6차 개정헌법 | 1969. 10. 21. 3선三選개헌 |

1969년, 박정희 대통령은 자신의 장기 집권을 위해 헌법을 또 한 번 개정했다. 이른바 3선 개헌으로 불리는 이 헌법개정은 박정희 정권의 독재화를 심화시키는 계기가 되었다.

박정희 정권의 독재화

박정희 정권이 서서히 독재적인 성향을 드러내기 시작했다. 1969년 8월 7일, 당시 여당이었던 민주공화당 소속 국회의원 122명이 대통령의 3선 연임을 가능하게 하는 개헌안을 제출했다. 개헌안은 국민투표를 거쳐 확정되었고 10월 21일에 공포되었다.

개정 내용과 문제점

대통령의 중임 제한을 1회에서 2회로 늘려, 박정희 대통령의 3선 연임을 가능하게 했다. 대통령에 대한 탄핵소추의 의결정족수를 국회의원 재적 과반수에서 3분의 2 이상으로 강화하였다. 박정희 대통령이 3기 계속 재임을 할 수 있게 되어 박정권의 장기 집권의 계기를 만들어준 개헌이었다.

7차 개정헌법 | 1972. 12. 27. 제4공화국의 성립 |

1972년 박정희 대통령은 자신의 영구 집권을 위해 헌법을 완전히 뒤엎는 '유신헌법'을 제정했다. 이 헌법은 대한민국의 민주주의를 심각하게 훼손하고 독재체제를 공고히 하는 내용을 담고 있었다.

10월 유신과 유신헌법

1971년 대통령 선거에서 3선에 성공한 박정희 대통령은 국가보위에 관한 특별조치법을 제정하고, 1972년 10월 17일 '10월 유신'을 단행했다. 국회를 해산하고 정당의 정치활동을 중단시키는 등 헌법 일부 조항의 효력을 정지시킨 '헌법의 정지'에 해당하는 것이었다.

국회의 권한을 대신하는 비상국무회의에서 '유신헌법' 개헌안이 통과되었다. 1972년 11월 21일 국민투표에 부쳐져 국민 유권자 91.9% 투표에 투표자 중 91.5% 찬성으로 유신헌법이 확정되었고, 제4공화국이 출범했다.

개정 내용 | 전문, 126조, 부칙 |

통일주체국민회의가 대통령을 선출하고, 대통령이 추천한 국회의원 3분의 1을 선출하도록 했다.

대통령의 임기는 6년으로 늘리고, 연임이나 중임 제한 규정을 없애 영구 집권의 길을 열었다. 대통령은 긴급조치권, 국회해산권, 국회의원 추천권, 법관 임명권 등 막강한 권한을 갖게 되었다. 국회 국정감사권이 삭제되는 등 국회 권한이 대폭 축소되었고 헌법위원회를 부활시켜 헌법재판권을 부여하였으며 지방의회 구성을 통일 이후로 연기하여 지방 자치를 유명무실하게 만들었다.

각종 기본권도 제한 내지 축소되었다. 신체의 자유와 관련하여 구속적부심사제도를 폐지하였고, 임의성 없는 자백의 증거능력 부인 조항도 삭제하였다. 군인·군무원 등의 이중배상 청구를 금지하여 대법원에 의해 평등권 침해로 최초의 위헌판결을 받아 무효화되었던 국가배상법 제2조 제1항 단서를 위헌심사의 대상이 되지 못하도록 헌법에 규정하였다.

헌법개정을 이원화하여 국회 제안 개헌안은 통일주체국민회의 의결로, 대통령 제안 개헌안은 국민투표로 확정하도록 했다.

유신헌법은 대통령이 법관 임명권을 갖는 등 삼권분립 원칙을 심각하게 훼손했다. 국회 권한 축소, 기본권 제한 등으로 민주주의도 심각하게 후퇴했다. 대통령 임기 연장 및 연임 제한 폐지는 박정희의 영구 집권을 위한 시도였다.

8차 개정헌법 | 1980. 10. 27. 제5공화국의 성립 |

1979년 10·26 사건으로 박정희 대통령이 급서하면서 유신
정권은 막을 내렸다. 그러나 전두환을 중심으로 한 신군부
세력이 12·12 군사 반란을 일으켜 권력을 장악했고, 1980
년 8차 개정 헌법을 통해 제5공화국을 출범시켰다.

신군부의 권력 장악

1979년 10월 26일, 중앙정보부장이 박 대통령을 시해함으
로써 유신정권은 비극적인 종말을 맞았다. 이후 전두환 보
안사령관 등 신군부 세력들이 정승화 당시 계엄사령관을
불법 체포하는 12·12 군사 쿠데타를 일으켜 정권을 장악
했다. 이들은 1980년 5·18 민주화 운동을 무자비하게 무장
진압하였다. 신군부는 1980년 5월 17일에 비상계엄을 전
국적으로 확대하고 국회를 해산했으며 국가보위입법회의
를 설치해 국회의 기능을 대신하게 했다. 1980년 8월 16일
에 최규하 대통령이 사임한 후, 전두환이 통일주체국민회
의에서 대통령으로 선출되었다. 이러한 혼란 속에 1980년

10월 22일에 제8차 헌법개정을 확정 지으며·제5공화국이 출범했다.

개정 내용 | 전문, 131조, 부칙 10조 |

대통령 선출 방식으로 통일주체국민회의를 대신해 대통령 선거인단에 의한 간선제를 규정하였고, 대통령 임기를 7년 단임으로 규정했다. 대통령의 긴급조치권이 비상조치권으로 바뀌고 남용 방지책을 두는 등 대통령의 권한은 다소 축소되었다.

국회의 권한으로 국정조사권이 신설되었고, 일반 법관의 임명권을 다시 대법원장이 갖게 되었다.

헌법 '제9장. 경제'를 통해 소비자 보호, 국가표준제도를 신설하여 경제질서에 대한 공법적 규제를 확대하였다.

헌법개정 절차는 다시 원래대로 일원화되었다.

기본권 조항은 강화되었다. 유신헌법에서 삭제되었던 구속적부심사제가 부활되었고, 행복추구권, 형사피고인의 무죄추정권, 연좌제 금지, 사생활의 비밀과 자유, 근로자의 적정임금 보장, 환경권 조항이 신설되었다.

'제1장. 총강'에서 전통문화의 창달조항, 정당에 대한 국고보조금 지급 조항이 신설되었다.

8차 개정헌법은 신군부 세력이 권력을 장악하고 제5공화국을 출범시키는 데 사용되었다. 대통령의 권한을 일부 축소하고 국회의 권한과 기본권 조항을 강화하는 등, 군부 세력의 권력 장악과 민주화 요구 사이에서 타협점을 찾으려고 시도했지만 여전히 권위주의적이었다. 전두환 정권은 박정희 정권의 독재를 경험한 국민들을 의식해 대통령의 임기를 7년 단임제로 제한하였지만 4년 중임제와 1년밖에 차이가 나지 않았다.

9차 개정헌법 | 1987. 10. 29. 제6공화국의 성립 |

1987년 전두환 정권의 권위주의 통치에 맞서 국민들은 6월 민주화 항쟁을 일으켰다. 이 항쟁의 결과로 탄생한 9차 개정헌법은 민주주의를 회복하고 새로운 시대를 여는 중요한 전환점이 되었다.

6월 민주화 항쟁

전두환 정부는 군사정권의 틀을 벗어나지 못하고 대통령 직선제 개헌을 요구하는 국민들에 대해 '호헌'을 주장하여 1987년 6.10 민주화 항쟁을 초래하였다. 항쟁의 결과 당시 여당인 민주정의당의 노태우 후보는 6·29 선언을 통해 대통령 직선제 개헌이라는 국민의 뜻을 받아들였다. 이후에 여야 8인 정치회담을 통해 헌정사상 최초로 여야 합의에 의해 개헌안 초안이 마련되었다. 국회 의결을 거쳐 1987년 10월 27일에 국민투표에서 개헌안이 확정되었고, 제6공화국 헌법이며 현행헌법이 탄생했다.

개정 내용 | 전문, 본문 10장, 130조, 부칙 6조 |

대통령의 임기는 5년 단임제로 규정했다. 과거 권위주의 정권의 장기 집권을 방지하고 권력의 분산을 도모하기 위한 장치였다. 대통령의 국회해산권이 삭제되고 비상조치권을 긴급명령권 등으로 변경하는 등 대통령의 권한이 전반적으로 축소되었다.

1972년의 유신헌법에서 삭제되었던 국회의 국정감사권이 부활하는 등 국회의 권한은 상대적으로 강화되었으나, 대통령에 대해 법적 구속력이 있는 국무총리·국무위원에 대한 '해임요구제'가 법적 구속력이 결여된 '해임건의제'로 바뀐 점은 국회의 부분적 권한 축소에 해당한다.

헌법재판소를 설치하여 헌법재판을 통한 국민 기본권보장 강화를 이끌어내었다.

기본권에서는 신체의 자유에서 적법절차 조항과 미란다 원칙이 신설되었고, 재판 청구권에서 형사 피해자의 재판절차 진술권이 신설되었다. 사회권에서는 최저임금 보장과 쾌적한 주거생활권이 신설되었다.

현행헌법은 5공 헌법에 이어서 단임제를 유지하고 있다. 5공화국 전두환의 7년 단임제에서 5년 단임제로 바뀌게 된 것은 노태우 당시 대통령 후보가 김영삼, 김대중, 김종필 세 명의 정치 거물들을 끌어들이기 위해, 그들의 대통령 당선 기회를 주기 위해 대통령 임기를 5년으로 축소했다는 이야기가 있다.

대한민국 헌법개정사의 특징

프랑스에서는 공화정이 중단되었다가 부활할 때마다 '제 몇 공화국'이라는 명칭을 붙인다. 프랑스식 공화국 기준을 적용하면 우리는 1948년 제헌헌법 이래로 공화정이 왕정 등에 의해 중단된 적이 없기 때문에 1948년 이후의 우리 헌정사 전체가 '제1공화국'에 해당할 수 있을 것이다. 그러나 우리는 헌법에 대한 전면적인 큰 폭의 개정이 있고 정권이 바뀐 경우를 기준으로 공화국 구분을 하여 현재까지 이승만 정권의 제1공화국부터 1987년 개정헌법 이래로 제6공화국까지 6개의 공화국이 존재하는 것으로 본다.

우리 헌정사에 나타나는 특징으로는 첫째, 1948년 제헌헌법부터 1987년 현행 제9차 개정헌법까지 39년 동안 10개의 헌법이 존재했다는 점이다. 현행헌법 이전까지는 하나의 헌법이 평균 3.9년으로 단명하는 등 헌법개정의 빈도가 잦았다.

둘째, 헌법개정의 주된 내용이 정부형태 논쟁 중심이었다. 정부형태를 대통령제로 할 것이냐 의원내각제로 할 것이냐에 대한 논의와, 대통령제로 했을 경우 대통령의 임기나 선출 방식을 어떻게 할 것이냐에 집중되었다. 국민의 요구보다는 주로 권력자나 정치인들의 이해관계에 집중되어 왔다.

셋째, 비상사태하의 개헌이었다. 1972년 유신헌법으로의 개헌이나 1980년 제5공화국 헌법으로의 개헌 과정에서 볼 수 있듯이 개헌 전후에 계엄선포나 긴급조치 발포와 같은 비상사태를 선포한 상태에서 개헌이 이루어졌다. 헌법개정이 정상적인 민주적 절차를 거치지 못하고 권력자에 의해 강행되었다.

넷째, 소급입법 조항이다. 1960년 11월의 제4차 개정헌법에서와 같이 헌법 부칙에 기성 정치인의 정치 활동을 제한하거나 부정축재 환수를 위한 소급입법의 근거를 규정하는 경우가 있었다. '소급입법 금지'라는 입헌주의 헌법 질서의 일반 원리를 저해하는 헌법개정이 이루어지기도 했다.

현행헌법은 1987년 이후 지금까지 개정 없이 유지되고 있어, 과거에 비해 헌법의 안정성이 높아졌다고 평가할 수 있다. 하지만 급변하는 시대 변화를 충분히 반영하지 못하고 있다는 비판도 있다. 대한민국 헌법개정사는 민주주의의 발전과 후퇴를 반복하며 변화해왔다. 현행헌법은 민주주의의 발전에 기여했지만, 앞으로의 헌법개정은 새로운 기본권의 신설 등 국민의 다양한 요구를 반영하고 민주주의의 가치를 더욱 발전시키는 방향으로 이루어져야 할 것이다.

헌법, 왜 중요할까

최근 계엄령과 탄핵이라는 큰 정치적 사건으로 인해 그 어
느 때보다 헌법이란 단어가 많이 언급된다. 그런데 막상 헌
법이 무엇인지 설명하려고 하면 조금 어렵게 느껴질 수 있
다. 과연 헌법이란 무엇인가? 헌법은 오랜 역사를 거치면서
다양한 의미로 사용되어왔고, 학자들마다 헌법을 바라보는
관점도 다르기 때문에 딱 하나로 정의하기는 쉽지 않다. 하
지만 일반적으로 헌법은 이렇게 설명할 수 있다.

  헌법은 '국민의 기본적인 권리를 보장하고, 국가가 어떻
게 운영되어야 하는지 통치구조를 정해놓은 국가의 기본법

이자 최고법'이다.

좀 더 자세히 설명하자면, 헌법은 크게 두 가지 중요한 역할을 한다. 첫째, 국민들이 인간으로서 당연히 누려야 할 권리, 즉 기본권을 보장한다. 예를 들면 자유롭게 생각하고 표현할 권리, 종교의 자유, 신체의 자유 등이 기본권에 해당한다. 둘째, 국가의 조직과 운영 방식을 정한다. 대통령은 어떻게 선출되는지, 국회는 어떤 역할을 하는지, 법원은 어떤 일을 하는지 등을 헌법에 규정하여 국가권력이 특정 개인이나 집단에 집중되지 않도록 견제하고 균형을 유지한다.

헌법에서 '국가조직의 구성'과 '기본권보장'은 둘 다 중요하지만 둘 중 조금 더 중요한 것을 꼽으라면 '기본권보장'이라고 할 수 있다. 국가 조직은 결국 국민의 기본권을 최대한 보장하기 위한 수단이기 때문이다. 국민의 기본권을 가장 잘 지켜줄 수 있는 국가형태가 무엇인지 고민하고, 그 결과를 헌법에 담아 국가 조직을 구성하는 것이다. 헌법에 국가 조직에 관한 내용이 있는 이유는 국민의 기본권을 더 잘 보장하기 위해서이며, 헌법은 국민이 행복하고 자유롭게 살아갈 수 있는 사회를 만들기 위한 약속이다.

헌법의 말을 듣기 전에

: 헌법의 구조

대한민국 헌법은 대한민국의 근본적인 법체계로서, 국가의 기본질서를 확립하고 국민의 기본권을 보장하는 최상위 규범이다.

헌법의 구성 요소: 전문, 본문, 부칙

먼저 헌법의 전체적인 구조를 살펴보면, 우리 헌법은 크게 세 부분으로 구성된다.

 첫째, 헌법의 시작을 알리는 '전문(前文)'이 있다. 전문은 헌법을 만든 이유와 목표를 담고 있으며, 우리나라가 어떤 나라를 지향하는지를 보여준다. 둘째, 헌법의 핵심 내용인 '본문'이 있다. 본문은 130개의 조문으로 이루어져 있으며, 국민의 권리와 의무, 국가기관의 역할 등을 자세히 규정하고 있다. 셋째, 헌법의 마지막 부분인 '부칙'이 있다. 부칙은 헌법개정이나 시행과 관련된 특별한 사항들을 담고 있다.

헌법의 서론에 해당하는 전문

헌법의 서론에 해당하는 전문은 대한민국의 역사적 배경, 헌법 제정의 목적, 그리고 헌법의 기본 원리를 담고 있다.

> 유구한 역사와 전통에 빛나는 우리 대한국민은 3·1운동으로 건립된 대한민국임시정부의 법통과 불의에 항거한 4·19민주이념을 계승하고, 조국의 민주개혁과 평화적 통일의 사명에 입각하여 정의·인도와 동포애로써 민족의 단결을 공고히 하고, 모든 사회적 폐습과 불의를 타파하며, 자율과 조화를 바탕으로 자유민주적 기본질서를 더욱 확고히 하여 정

치·경제·사회·문화의 모든 영역에 있어서 각인의 기회를 균등히 하고, 능력을 최고도로 발휘하게 하며, 자유와 권리에 따르는 책임과 의무를 완수하게 하여, 안으로는 국민생활의 균등한 향상을 기하고 밖으로는 항구적인 세계평화와 인류공영에 이바지함으로써 우리들과 우리들의 자손의 안전과 자유와 행복을 영원히 확보할 것을 다짐하면서 1948년 7월 12일에 제정되고 8차에 걸쳐 개정된 헌법을 이제 국회의 의결을 거쳐 국민투표에 의하여 개정한다.

전문은 과거의 역사에서 현재의 헌법이 탄생하기까지의 과정을 간략하게 보여준다. 민주주의, 정의, 인류애 등 우리가 중요하게 생각하는 핵심 가치를 담고 있다. 전문은 단순한 선언적 의미를 넘어 법적 효력을 가지고 있어서, 헌법을 해석할 때도 중요한 기준으로 작용한다.

대한민국 헌법의 핵심 내용:
헌법총설, 기본권론, 통치구조론

"제1조 제1항 대한민국은 민주공화국이다"로 시작하는 본문은 130개의 조문으로 구성되어 있다. 나라가 어떻게 조직되어 있는지 하는 국가의 기본 조직, 국민들은 어떤 권리와 의무를 가지는지 국민의 권리와 의무, 그리고 나라를 어떻게 다스리는지 통치구조에 대한 구체적인 내용을 규정한다. 헌법학에서는 헌법 조문의 의미를 해석하는 '헌법해석학'이라는 학문이 있는데, 헌법해석학은 헌법 본문을 크게 세 부분으로 나눈다.

헌법총설은 헌법의 기본 원리와 이념을 다루며 헌법의 핵심 가치와 원칙들을 설명하는 부분이다. 우리나라가 어떤 나라인지(민주공화국), 국민이 나라의 주인이라는 것, 땅 통일 평화 등에 대한 내용이 담겨 있다. 헌법 제1장(총강), 제7장(선거관리), 제8장(지방자치), 제9장(경제), 제10장(헌법개정) 등의 조문에는 대한민국의 국가형태, 국민주권주의, 영토, 통일 정책, 평화주의 등의 중요한 내용이 포함된다. 헌법 제1장 총강은 대한민국의 국가형태, 국민주권주의, 법치주의, 민주주의, 사회국가 원리, 문화국가 원리, 평화주의 등 헌법의 핵심 원리를 규정한다. 헌법 전체를 관통하며 모든 법률과 정책의 근간을 이루는 원리들이다. 국민주권주의는 모든 권력이 국민으로부터 나온다는 원칙으로 민주주의의 핵심이고, 법치주의는 법에 따라 나라를 다스려야 한다는 원칙으로 권력 남용을 방지하고 국민의 권리를 보호한다. 헌법 제7장과 제8장은 선거관리와 지방자치에 관한 내용을 규정한다. 선거를 통해 국민의 대표를 선출하고, 지방자치를 통해 지역 주민의 자치권을 보장한다. 헌법 제9장은 대한민국의 경제질서를 규정하고, 제10장은 헌법개정 절차를 규정한다. 헌법개정은 국민투표를 통해서만 가능하다.

국민의 기본적인 권리와 의무를 다루는 부분을 **기본권론**이라 부른다. 헌법 제2장(국민의 권리와 의무) 제10조는 "모든 국민은 인간으로서의 존엄과 가치를 가지며 행복을 추구할 권리를 가진다"로 시작한다. 이 문장은 모든 기본권의 출발

점이라 할 수 있다. 인간으로서의 존엄과 가치 및 행복추구권을 필두로 제11조 모든 국민은 법 앞에 평등하다는 평등권, 제12조 신체의 자유 등 국민의 자유와 권리, 국민의 기본권을 보장하는 규정들이 제2장에 모여 있다. 인간의 존엄과 가치, 평등권, 자유권, 사회권 등 다양한 기본권이 상세하게 규정되어 있다. 기본권에 관한 조항들의 해석론을 헌법학에서는 기본권론이라고 불린다. 기본권은 국가권력으로부터 국민을 보호하고, 인간다운 삶을 보장하는 데 중요한 역할을 한다.

통치구조론은 국가기관의 구성과 권한을 다루는 부분이다. 우리나라를 운영하는 중요한 기관들이 어떻게 구성되고, 어떤 일을 하는지 알려준다. 제3장(국회), 제4장(정부), 제5장(법원), 제6장(헌법재판소) 등의 조문을 해석하여 국가기관들이 어떻게 운영되어야 하는지를 명시하고, 국회의 입법 기능, 정부의 행정 기능, 법원의 사법 기능, 헌법재판소의 헌법 수호 기능을 규정하여 권력분립의 원칙을 확립한다. 이러한 조항들에 대한 해석론을 헌법에서는 통치구조론이라고 부른다. 국회, 정부, 법원, 헌법재판소의 조직과 권한을 규정하여 권력분립의 원칙을 확립한다. 각 기관은 상호 견제와 균형을 통해 국가권력의 남용을 방지하고, 국민의 권익을 보호한다.

헌법총설, 기본권론, 통치구조론의 세 부분은 서로 긴밀하게 연결되어 있다. 헌법총설에서 제시된 기본 원리와 이념은 기본권론과 통치구조론에 영향을 미치고, 기본권론과 통치구조론은 헌법총설의 내용을 구체화한다. 집의 기초, 벽, 지붕이 서로 연결되어 집 전체를 지탱하는 것과 같다.

부칙의 주요 내용

부칙은 헌법의 본문 뒤에 따라오는 규정으로, 헌법의 시행에 필요한 경과 규정, 시행일, 과거 법률과의 관계 등을 담고 있다. 헌법의 부칙은 헌법의 개정 시마다 추가되거나 변경될 수 있으며, 개정된 헌법이 새로운 법질서를 확립하고 안정적으로 시행될 수 있도록 돕는 역할을 한다.

헌법이 바뀌었을 때 어떻게 적용해야 할지, 언제부터 시행해야 하는지 등을 알려준다. 예를 들어 경과 규정은 개정된 헌법의 시행으로 인해 발생하는 법률관계의 변화를 조정하고, 기존의 법률관계와 새로운 법률관계 사이의 충돌을 방지하기 위한 규정을 담고 있다. 시행일은 개정된 헌법이 언제부터 효력을 발생하는지를 명시한다.

부칙은 헌법의 안정적 시행을 보장하며, 법률관계의 혼란을 방지하고 법적 안정성을 유지한다. 헌법의 갑작스러운 변화는 큰 혼란을 일으킬 수 있으므로 부칙은 이러한 혼란을 최소화하고 안정적인 변화를 돕는다. 헌법의 본문과 함께 헌법의 중요한 구성 요소이며, 헌법의 원활한 시행을 위해 필수적인 역할을 수행한다.

헌법 해석의 중요성

헌법 해석은 헌법의 의미를 명확히 하고, 헌법의 기본 원리를 구체화하는 과정이다. 헌법은 추상적인 단어와 개념으로 이루어져 있어서, 때로는 그 의미가 명확하지 않을 수 있다. 헌법 해석은 이러한 모호함을 없애고 헌법의 정확한 의미를 밝혀낸다. 헌법에 담긴 기본 원칙들을 현실에 맞게 구체화하기도 하고, 변화하는 현대 사회에 맞게 헌법을 유연하게 적용하는 역할도 한다.

헌법재판소는 헌법 해석의 최종적인 권한을 가진다. 헌법소송을 통해 헌법의 의미를 명확히 한다. 헌법에 어긋나는 법률이나 국가기관의 행동을 심판한다. 헌법학자들은 헌법 이론을 연구하고, 헌법 해석에 대한 다양한 견해를 제시하여 헌법 발전에 기여한다.

대한민국 헌법은 국민의 기본권을 보장하고, 국가의 기본질서를 확립하는 중요한 역할을 한다. 헌법에 대한 깊이 있는 이해는 민주주의 사회의 구성원으로서 필수적인 소양이다.

헌법이 지켰고, 지키고, 지킬 것

다른 법규범과 달리 헌법만이 가지고 있는 독특한 성질이 있다. 헌법의 특성은 크게 규범적 특성과 사실적 특성으로 나누어 살펴볼 수 있다.

사회 질서의 기본 틀, 규범적 특성

규범으로서의 헌법은 사회를 운영하는 기본적인 규칙이자 기준으로서의 역할을 한다. 이는 헌법이 단순히 지금 사회가 어떻게 돌아가는지 현실을 반영하는 것만 아니라, 우리가 어떤 사회를 만들어나가야 하는지 이상적인 사회 질서를 제시하고 이를 실현하기 위한 방향성을 제시한다는 것을 의미한다.

최고규범성

헌법은 모든 규범 중 최고(最高)의 규범이다. 다른 모든 법률은 헌법에 위반될 수 없다.

헌법은 국가의 근본 질서를 규율하는 최상위 규범으로서, 다른 모든 법규범보다 우월한 지위를 갖는다. 이는 헌법이 국가의 법질서 전체를 관통하는 핵심 가치와 원칙을 담고 있기 때문이다. 이러한 헌법의 최고규범성은 헌법의 핵심적인 특성이며, 법치주의의 근간을 이루는 중요한 원리다.

헌법이 최고규범이라는 것은 어떤 의미일까? 독일의 법학자 한스 켈젠(Hans Kelsen)은 법단계설을 통해 규범의 위계질서를 설명했다. 법단계설에 따르면 모든 규범은 피라미드 형태의 위계질서를 이루며, 헌법은 그 정점에 위치한다.

헌법
최고규범으로서
모든 하위 규범의 타당성과
효력의 근거가 된다.

법률
국회에서 제정되며
헌법의 구체적인 내용을 실현한다.
민법, 형법 등 다양한 법률이
헌법의 하위 규범에 해당한다.

명령
행정부에서 제정하며
대통령령, 국무총리령, 부령 등이 있다.
헌법과 법률의 위임에 따라
구체적인 내용을 규정한다.

조례
지방의회에서 제정하며
지역의 특성에 맞는 규범을 만든다.

규칙
지방자치단체장이 제정하며
조례의 위임에 따라 구체적인 내용을 규정한다.

헌법을 기준으로 법이 만들어진다. 헌법은 최고의 규범으로, 다른 모든 법들이 만들어지고 해석되는 기준이다. 국회에서 만드는 법률은 반드시 헌법에 맞춰서 만들어져야한다. 헌법을 타당 근거 및 효력 근거로 하여 법률이 만들어지며 이때 헌법은 법률의 입법 기준이자 해석 기준이 된다. 정부가 만드는 명령도 마찬가지이다. 헌법과 법률에 어긋나선 안 된다. 명령은 헌법과 법률을 타당 근거 및 효력 근거로 만들어지며, 헌법과 법률은 명령의 입법 기준이자 해석 기준이 된다. 지방의회가 제정하는 조례도 헌법, 법률, 명령을 타당 근거 및 효력 근거로 하여 만들어지며, 헌법, 법률, 명령은 조례의 입법 기준이자 해석 기준이 된다. 지방자치단체가 제정하는 규칙도 헌법, 법률, 명령, 조례를 타당 근거 및 효력 근거로 하여 만들어지며, 헌법, 법률, 명령, 조례는 규칙의 입법 기준이자 해석 기준이 된다.

헌법을 어기면 무효가 된다. 헌법의 최고규범성은 위헌심사 제도의 근거가 된다. 위헌심사는 하위 규범이 헌법에 위반되는지 여부를 심사하는 제도이다. 헌법재판소가 법률이 헌법에 위반되는지 여부를 심사하여 위헌결정이 내려진 법률, 명령, 조례, 규칙은 효력을 상실한다. 헌법이라는 최고의 효력 근거를 상실하게 되므로 '위헌(違憲)'이면 '무효(無效)'가 되는 것이다.

위헌심사 제도는 헌법의 최고규범성을 확보하고 법질서

의 안정성을 유지하는 데 중요한 역할을 한다. 헌법의 최고 규범성은 헌법이 국가의 근본 질서를 유지하고 국민의 기본권을 보장하는 핵심적인 원리이다.

최근 검찰 수사권 관련 논쟁은 법단계설의 관점에서 볼 때 중요한 시사점을 던져준다. 문재인 정부 시기 검찰의 직접 수사권을 축소하는 검찰청법 및 형사소송법 개정, 일명 '검수완박'이 이루어졌다. 이후 윤석열 정부 초기, 한동훈 법무부 장관은 시행령을 통해 검찰의 직접 수사권을 다시 확대하는 조치를 취했다. 이와 관련하여 '검수원복'이라는 용어가 등장하며 언론의 주목을 받았다. 그러나 이러한 시행령을 통한 검찰 수사권 확대는 한스 켈젠의 법단계설에 따르면 문제의 소지가 있다. 법단계설은 법규범이 피라미드 형태의 위계질서를 이루며, 하위 규범은 상위 규범의 위임에 근거해야 한다고 설명하므로, 시행령은 법률의 위임 범위 내에서만 효력을 가지며, 법률의 취지에 반하는 내용을 담을 수 없다. 따라서 법률로 축소된 검찰의 직접 수사권을 시행령으로 다시 확대하는 것은 법률의 취지에 어긋날 수 있으며, 법단계설에 위배될 가능성이 있다. 시행령은 법률의 하위 규범으로서 법률을 근거로 효력을 가지므로, 법률의 내용을 변경하거나 무효화하는 역할을 할 수 없기 때문이다.

조직규범성과 수권규범성

헌법은 입법부, 행정부, 사법부 등 국가기관이 어떻게 구성되고 조직되는지 알려준다. 국회는 국민의 대표들이 모여 법을 만드는 곳이고, 정부는 나라를 운영하는 역할을 하며, 법원은 법에 따라 문제를 해결하는 곳이다. 헌법은 이러한 기관들이 어떻게 만들어지고 어떤 규칙에 따라 운영되는지를 정해준다. 이렇게 국가기관의 구성, 조직, 권한을 규정하는 것을 조직규범성이라고 한다.

헌법은 단순히 기관을 만드는 것뿐만 아니라, 각 기관이 어떤 권한을 가지는지도 정해준다. 국회는 법을 만들 권한을 가지고, 정부는 나라를 운영할 권한을 가지며, 법원은 재판을 할 권한을 가진다. 헌법은 이러한 권한들을 명확하게 정해줌으로써 각 기관이 자신의 역할을 제대로 수행할 수 있도록 한다. 이렇게 이들 기관에 국가권력의 정당성을 부여하고 권한에 대해 규정하는 것을 수권(授權)규범성이라고 한다. 입법권은 국회에(제40조), 행정권은 정부에(제66조 제1항), 사법권은 법원에(제101조 제1항) 속한다고 규정하고 있는 것이 대표적인 예이다. 이는 헌법이 국가의 통치구조를 설계하고 권력분립의 원칙을 확립하는 데 핵심적인 역할을 한다는 것을 의미한다.

이렇게 헌법은 중요한 원칙들을 정해주는 역할을 하지만, 모든 국가기관의 조직과 권한을 상세히 규정하는 세세한 내용까지 다 담을 수는 없다. 그래서 헌법은 큰 틀만 정해주고, 구체적인 내용은 따로 특별법을 만들어서 정하도록 특별법에 위임한다. 예를 들어 선거관리위원회나 감사원처럼 특별히 중요한 기관들은 헌법기관으로서 그 조직과 권한에 대해 헌법에 직접 규정되어 있지만, 다른 많은 기관들은 특별법에 따라 만들어지고 운영된다.

권력제한규범성

헌법은 국회, 대통령, 법원 등 국가기관에게 각자의 역할을 수행할 수 있는 권한을 주지만, 단순히 권력만 주는 것이 아니라 국가기관이 가진 권력을 함부로 휘두르지 못하도록 감시하고 제한한다. 즉, 헌법에 명시된 권한만 사용할 수 있고 그 외의 권력은 행사할 수 없다. 이를 '권력제한규범성'이라고 한다.

최고 권력자도 예외는 없어서, 대통령이라 해도 헌법이 정한 범위 안에서만 권력을 행사할 수 있다. 헌법은 국가권력 행사의 요건을 엄격히 규정하여 국가권력의 자의적 행사와 남용의 방지를 도모한다.

최근 윤석열 대통령의 비상계엄 선포에는 헌법 위반 논란이 일었다. 일부에서는 대통령의 계엄령 선포 권한은 헌법에 명시되어 있으므로 문제가 없다고 주장했지만, 헌법은 권력제한규범으로서 대통령의 권한도 엄격하게 제한한다.

계엄령 선포 요건에 대해 헌법 제77조 제1항은 "전시, 사변 또는 이에 준하는 국가비상사태"에서만 계엄령을 선포할 수 있도록 규정한다. 또한 제3항에서 "정부나 법원의 권한에 관하여 특별한 조치를 할 수 있다"고 규정하여 행정부나 사법부에 속하지 않는 독립된 헌법기관인 국회나 선거관리위원회에는 비상계엄하에서라도 어떠한 조치도 할 수 없다. 또한 "계엄을 선포한 때에는 대통령은 지체없이 국회에 통고"하게 한 제4항을 모두 위반하여 국가권력을 헌법에 위배되게 자의적으로 행사하고 남용했으므로, 위헌적 행위로 탄핵될 수 있었던 것이다.

대통령에게 계엄 선포권을 줬지만 계엄 선포권 행사의 요건과 절차에 관해서 또한 상세한 규정을 두고 있으므로, 그러한 요건과 절차를 따르지 않은 권한행사는 위헌일 수 있다. 그리고 중대한 위헌 행위를 한 대통령에 대해서는 헌법 제65조에 의해서 탄핵을 할 수가 있다. 이것이 바로 헌법의 권력제한규범성이다.

기본권보장규범성

권력제한규범성은 기본권보장규범성과도 통한다. 헌법은 크게 두 가지 기능을 통해 국민의 자유를 지키는데, 이는 '권력제한규범성'과 '기본권보장규범성'이다. 기본권의 보장과 실현은 국가권력의 제한을 통해서만 가능하므로 헌법은 다양한 국가권력 제한 장치들을 채택하고 있다.

헌법은 국가권력이 함부로 국민의 자유를 침해하지 못하

도록 제한하는 역할을 한다. 자동차의 브레이크처럼 국가 권력이 과도하게 커지거나 잘못된 방향으로 나아가지 않도록 통제하는 것이다. 헌법은 국가기관들이 가진 권한의 범위와 사용 방법을 명확하게 규정하여 권력 남용을 방지한다. 이를 통해 국가권력이 국민의 자유를 침해할 수 있는 상황을 최소화하고, 만약 침해하더라도 정당한 절차를 거치도록 규정한다.

특히 헌법의 제2장 기본권 편에 국민의 기본권에 대해 상세한 규정들을 두어, 국민이 가진 기본적인 권리들을 명확하게 선언하고 보장하는 역할을 한다. 헌법은 제2장 제10조 인간의 존엄과 가치와 행복추구권부터 제36조 제3항의 보건권, 즉 건강권까지 기본권에 관한 다양한 규정을 두고 있다.

가장 놀라운 것은 헌법 제37조 제1항인데, 제10조부터 제36조까지 다양한 권리를 나열하고 나서도 '혹시 빠진 권리는 없는지' 다시 한번 확인하는 조항을 둔 것이다. "헌법 제37조 제1항, 국민의 자유와 권리는 헌법에 열거되지 아니한 이유로 경시되지 아니한다"라는 말은 미처 적지 못한 권리가 있더라도, 헌법에 적혀 있지 않다고 해서 국민의 권리를 함부로 무시해서는 안 된다는 강력한 각오가 담겨 있는 조항이다.

우리나라 헌법은 1987년에 개정된 후 지금까지 단 한 번도 개정되지 못했다. 그 사이 사회는 빠르게 변화하고 발전하면서 '알권리'나 '개인정보 자기결정권'과 같은 새로운 권리들이 등장하고 있다. 이렇게 헌법에 규정하지 못한 새로운 기본권들을 인정하기 위해서 제37조 제1항이 만들어졌다고 이해하면 되겠다. 헌법은 철통 보안관처럼 국민의 권리를 빈틈없이 최대한 보호하기 위한 강한 기본권보장규범성을 가진다.

사실적 특성

정치성

헌법은 단순히 법 조항들의 모음이 아니라, 국가의 정치적 질서를 규율하는 정치적 문서이다. 헌법은 다양한 정치 세력들의 갈등과 타협의 결과물이며, 때로는 격렬한 투쟁의 산물이기도 하다.

헌법은 국가의 형태(군주제 vs 공화제), 정부형태(대통령제 vs 의원내각제) 등 중요한 정치적 선택을 담고 있다. 헌법은 다양한 정치 세력들이 권력을 놓고 경쟁하는 '정치의 장(場)'에서 탄생한다. 때로는 유혈 사태를 동반한 격렬한 투쟁을 거쳐 헌법이 만들어지기도 한다. 독일의 법학자 칼 슈미트(Carl Schmitt)는 헌법을 "정치적 세력들이 항쟁한 결과 절대적 승리를 쟁취한 단일 세력이 있는 경우에는 그 세력이 원하는 지배 체제를, 그렇지 않은 경우에는 여러 세력이 타협에 의해 그들이 원하는 장차의 지배 체제를 문서로써 확인한 것"이라고 설명했다.

대한민국 헌법 역시 1945년 해방된 후 1948년 헌법이 제정되기까지 3년 동안 혼란스러운 정치 상황에서 김구 선생 등을 중심으로 한 임시정부파, 이승만 등을 중심으로 한 해외파, 박헌영 등을 중심으로 한 공산주의 계열의 다양한 정치 세력들이 난립하며 치열한 정치 투쟁을 벌였고, 이러한 정치 투쟁의 결과로 남한만의 헌법 제정과 정부수립에 반대한 세력들은 국회의원 선거에 참여하지 않은 가운데 결국 이승만 세력과 한국민주당 세력이 주도권을 잡고 제헌헌법을 만들게 되었다. 이처럼 헌법은 특정 시기의 정치적 상황과 힘의 균형을 반영하고, 따라서 강한 정치적 성격을 띨 수밖에 없다.

헌법은 다양한 정치적 배경을 가진 조항들이 모여 만들어지기 때문에, 모든 조항이 완벽하게 논리적으로 연결되기가 어려울 수도 있다. 각 조항은 당시의 정치적 상황과 타협의 결과를 반영하고 있기 때문이다. 예를 들어 헌법 제7조 제2항은 공무원의 정치적 중립성을 규정하고, 헌법 제5조 제2항은 국군의 정치적 중립성을 규정한다. 국군이야말로 대표적인 공무원의 일종이라고 봤을 때, 국군의 정치적 중립성 규정은 공무원의 정치적 중립성 규정이 있는 한 불필요하게 보이지만, 과거 군부 쿠데타의 경험 때문에 특별히 국군의 정치적 중립성을 강조한 것이다. 1960년 6월의 제3차 개정헌법부터 '공무원의 정치적 중립성'을 규정하였지만, 1987년에 현행헌법으로 개정하면서 헌법 제5조 제2항에 국군의 '정치적 중립성' 규정이 신설된다. 다소 군더더기

같지만, 박정희의 5·16 군사쿠데타, 전두환의 12·12. 군사쿠데타로 이어지는 정치군인들의 쿠데타 재발을 막기 위해 군의 '정치적 중립성'을 규정해놓은 것이다. 이는 헌법이 정치적 투쟁의 결과와 사회적 필요를 반영하여 만들어진다는 것을 보여준다.

헌법은 정치적 현실을 반영하는 살아 있는 문서다. 헌법에 대한 이해는 정치적 현실을 이해하는 데 필수적이며, 민주주의 사회의 구성원으로서 올바른 판단을 내리는 데에도 도움이 된다.

이념성

헌법은 그 시대의 핵심 가치관과 이념을 반영하게 된다. 헌법의 두 번째 사실적 특성은 이념성, 즉 헌법은 특유의 이념(이데올로기)과 가치 질서를 내용으로 한다.

예를 들어 근대 입헌주의적 헌법들은 '자본주의'라는 이념을 바탕으로 만들어졌다. 자본주의는 개인의 자유로운 경제 활동을 중요하게 생각하며, 시장의 자유로운 경쟁을 통해 경제가 발전한다고 믿기 때문에 과거의 헌법들은 개인의 재산권을 보호하고, 자유로운 계약을 보장하는 데 초점을 맞췄다.

하지만 빈부격차가 심해지고 환경 문제가 심각해지는 등 자본주의만으로는 해결하기 어려운 문제들이 발생하면서, 현대 복지국가의 헌법들은 '수정자본주의'를 이념으로 삼는다. 수정자본주의는 자본주의의 장점을 유지하면서도, 국가가 적극적으로 시장에 개입하여 사회적 약자를 보호하고, 환경 문제를 해결해야 한다고 믿는다. 그래서 현대의 헌법들은 사회복지, 환경 보호, 경제민주화 등의 다양한 가치들을 담고 있다.

이처럼 헌법은 시대의 가치관을 반영하는 강한 이념성을 가진다.

역사성

헌법은 그 시대의 역사적 배경과 사회적 상황에 따라 만들어지므로, 헌법이 가지는 이념과 가치 질서는 시대의 역사적 조건과 지배 상황에 의해 제약받는 역사적 개념으로 볼 수 있다. 헌법은 '역사적 산물'로서 지배 상황에 의해 정치적 주도 세력의 이념을 담고 있다.

예를 들어 근대 입헌주의적 헌법은 시민 중심의 자본주의를 바탕으로 만들어졌다. 이 시대에는 개인의 자유와 권리가 중요하게 여겨졌으므로, 헌법은 개인의 재산권과 계약의 자유를 보장하는 데 초점을 맞췄다.

하지만 현대 사회국가적 헌법은 사회적·경제적 약자 중심의 수정자본주의로 연결된다. 이 시대에는 사회적 약자를 보호하고 함께 잘 사는 세상을 만드는 것이 중요하게 여겨지기 때문에, 헌법은 사회복지, 환경 보호, 경제민주화 등 다양한 가치들을 담아내고 있다.

우리 헌법 전문의 '4·19 민주이념을 계승하고'라는 조항 역시 역사적 투쟁의 산물이다. 이 조항은 1960년 이승만 대통령의 독재에 항거하여 일어난 4·19 혁명의 정신을 기리고, 민주주의를 향한 국민의 열망이라는 역사성을 담고 있다.

추상성

헌법은 국민 생활과 국가 영역을 130개의 조항으로만 규정하고 있기 때문에 해석의 여지가 많고, 이것을 헌법의 추상성이라고 한다. 사인 간의 관계에 관한 민법만 해도 1,186 개의 조항이 있는데, 헌법은 사인 간의 관계만 다루는 게 아니라 모든 국민 생활과 국가 영역을 다루므로, 구체화한다면 수만 개의 조항으로도 다 규율이 될 수가 없을 것이다. 따라서 추상적으로 큰 뼈대인 윤곽만 헌법에 규정돼 있다. 구체적인 내용은 어떻게 채워질까? 국회가 만든 법률, 헌법재판소나 법원의 판례, 행정부가 만든 명령으로서도 구체화된다.

헌법은 미래 사회의 변화를 예측하고, 그에 맞춰 발전해 나갈 수 있도록 유연하게 설계되어 있다. 헌법 조항들이 구체적인 내용보다는 넓고 일반적인 원칙을 담고 있는 이유도 바로 여기에 있다. 헌법은 중요한 윤곽을 규정하고, 구체적인 내용은 미래에 맞춰 채워나갈 수 있도록 하는데, 이러한 의미에서 헌법의 추상성을 '윤곽규범성'이라고도 한다.

예를 들어 헌법 제34조 제1항은 "모든 국민은 인간다운 생활을 할 권리를 가진다"라고 규정하고 있는데, 무엇이 '인간다운 생활'인지는 광의적이고 불확정적이며, 시대와 상황에 따라 다양한 의미로 해석될 수 있다.

헌법은 국가와 국민의 광범위한 영역을 규정하는 기본법이다 보니, 모든 사항을 상세하게 규정할 수는 없다. 헌법이 추상성을 가질 수밖에 없는 이유다. 그래서 헌법은 기본적인 원칙, 제도, 가치 등을 문서화하고 구체적인 실현은 미래의 정치적 논의와 합의를 통해 결정하도록 한다.

헌법, 언제나 당신 곁에

: 헌법의 이념

헌법은 앞서 살펴본 대로 최고규범으로, 모든 법과 규범의 근거가 되는 기본법이다. 그렇기 때문에 헌법의 역할이라는 것은 우리가 사는 국가라는 공동체를 이해하는 하나의 수단이라고 볼 수 있다. 헌법을 알면 국가가 어떻게 운영되는지, 국민은 어떤 권리를 가지는지, 우리는 어떤 의무를 지켜야 하는지 등을 알 수 있다.

헌법은 국가의 기본질서, 국민의 권리와 의무, 국가기관의 역할 등을 규정한다. 헌법을 통해 우리는 국가 공동체의 구성원으로서 어떻게 살아가야 하는지를 알 수 있다.

헌법은 단순히 법률적인 문서가 아니라, 국가기관의 권한행사와 개인의 권리 보장을 위한 나침반과 같다. 헌법은 국가권력이 함부로 사용되지 않도록 통제하고, 국민의 자유와 권리를 보호하는 역할을 한다.

헌법학자들에 따라서 헌법의 핵심 이념은 다양하게 이야기되지만 헌법의 핵심 이념은 대개 네 가지로 보고 있다. 첫째 민주주의 이념, 둘째 법치주의의 이념, 셋째 복지국가의 이념, 넷째 평화 국가의 이념이다.

민주주의 이념

민주주의는 어려운 말 같지만, 쉽게 말해 '국민이 나라의 주인'이라는 생각이다. 국민 스스로 나라를 다스리고, 자유롭게 의견을 나누며, 다수결로 결정하며, 우리 모두의 참여와 소통을 통해 만들어가는 것이다. 우리나라를 비롯한 민주 국가의 헌법을 민주 헌법이라고 하는데, 민주주의 국가의 모든 헌법들은 민주주의를 기본 원리로 하고 있다.

헌법학자와 정치학자들은 민주주의를 링컨이 게티즈버그에서 연설했던 대로 '국민에 의한 통치(government by the people)'로 이해하면서 민주주의를 하나의 정치 형태로 보는 견해(경험적·기능적 접근론)를 취한다. 그러면서 민주주의의 본질적 요소로 첫째, 국민에 의한 국민의 지배, 둘째, 정치과정의 자유와 (이성적 토론을 위한) 공개성, 셋째, 다수결의 원칙을 든다.

첫째, 국민에 의한 국민의 지배란 국민이 스스로를 다스리는 것이다. 국민이 직접 또는 대표자를 통해 나라의 중요한 결정을 내리는 것을 의미한다.

둘째, 정치과정의 자유와 공개성이란 자유롭게 이야기하고 투명하게 결정한다는 뜻이다. 정치과정의 자유와 이성적 토론을 위한 과정의 공개된 토론이 있어야 된다. 민주주의에서는 누구나 자유롭게 자신의 의견을 말할 수 있어야 하고, 중요한 결정은 모든 사람이 볼 수 있도록 투명하게 이루어져야 한다.

셋째, 민주주의에서는 다양한 의견이 존재할 수 있다. 공개적인 토론을 거치고도 최종적인 합의가 모이지 않으면,

최종 결정은 많은 사람의 의견을 따르는 '다수결의 원칙'에 따라 이루어진다.

헌법 제1조 제1항의 국가형태 조항

우리 헌법은 민주주의를 가장 중요한 가치로 생각한다. "대한민국은 민주공화국이다"라는 헌법 제1조 제1항은 바로 그 민주주의를 명확하게 보여주는 조항이다.

헌법 제1조 제1항은 우리나라 이름이 '대한민국'이고, 국가형태가 '민주공화국'임을 선언한다. '공화국'이란 비(非)군주국가, 왕이 다스리는 나라가 아닌 국민이 주인이 되는 나라를 의미한다. 또한 국민의 자유와 권리를 존중하고, 독재를 반대하는 자유국가, 국민국가, 반(反)독재국가라는 의미도 가진다. 우리 헌법의 공화국 조항은 소극적 의미로는 반(反)독재적, 반(反)전체주의적 국가형태를 말하고, 적극적 의미로는 대한민국의 국가적 질서가 자유국가적·국민국가적인 국가형태를 말한다.

'민주'란 공화국이 어떻게 운영되어야 하는지를 보여주는 말이다. 국민이 주권을 가지고, 자유롭게 의견을 표현하며, 법에 따라 공정하게 운영되는 나라를 의미한다. 즉 공화국의 정치적 내용이 민주주의적으로 형성(국민주권 원리, 정치적 이데올로기로서 자유민주주의, 권력분립, 법치주의, 세계관의 상대주의가 적용) 된다는 것을 밝힌 것으로 본다.

'민주'는 다양한 형태의 민주주의를 포괄하는 넓은 의미를 갖는다. 즉, 국민의 대표를 뽑는 대의민주주의, 개인의 자유를 중시하는 자유민주주의, 사회적 평등을 강조하는 사회민주주의 등 다양한 민주주의의 가치를 모두 담고 있다.

'민주공화국'은 우리나라의 근본적인 국가형태를 나타내는 중요한 선언이다. 이 선언은 헌법을 개정하더라도 바꿀 수 없는 핵심 가치로, 헌법개정의 한계에 해당한다.

대의제 민주주의

우리 헌법이 추구하는 세부적인 민주주의 내용들을 한번 살펴보자.

대의제 민주주의란 주권자인 국민이 직접 국가의사나 국가정책을 결정하지 않고, 대표를 뽑아 그 대표로 하여금 대신 국가의사나 국가정책을 의논해서 결정하게 하는 원리를 말한다. 즉 간접민주제이다. 과거에는 국민이 직접 모든 결정을 내리기 어려웠기 때문에, 대표를 뽑아 대신 결정하게 하는 대의제 민주주의가 일반적이었다.

하지만 현대 사회에서는 고전적인 대의제 민주주의의 다양한 한계들이 나타나기 시작했다. 첫째, 정당 정치의 왜곡된 발달로 대표가 국민의 의견을 제대로 반영하지 못하는 대표기관의 국민 대표성이 약화되었다. 둘째, 정보 기술의 발달로 국민들의 정치 직접 참여 욕구가 증가했다. 셋째, 일부 엘리트들이 자신들의 이익만을 추구하는 타락한 정치 행태가 나타났다. 넷째, 정당 정치의 문제로 공개 토론이 줄어들고, 여야 간의 합의 기능이 약화되었다.

선거의 성격도 변화하였다. 과거에는 인물 중심의 선거가 이루어졌지만, 현대에는 정당 중심의 선거가 중요해졌다. 선거가 인물 본위의 대표자 선출에서 정당 선출로 바뀌었다. 선거를 통해 어떤 정당에게 정권을 맡길지 결정하는 국민투표적 성격을 띠게 되었다.

이러한 대의제 민주주의의 위기 상황을 극복하기 위해 세계의 많은 나라들이 '현대형 대의제'를 도입했다. 이는 대의제에 직접 민주주의 요소를 더하여 국민들이 직접 정치 과정에 참여할 수 있도록 하는 제도로, 여야 정당 간의 대립을 조정하고 부패 공직자의 비위를 시정하며 직접 정책적 대안을 제시할 수 있게 한 것이다.

이 직접민주제의 방식에는 국민표결, 국민발안, 국민소환의 세 가지가 있다.

국민표결제는 중요한 국가정책에 대해 국민투표를 통해 직접 결정하는 것으로, 현행헌법에는 헌법개정안에 대한 국민표결(헌법 제130조 제2항과 제3항), 국가안위에 관한 중요 정책에 대한 국민표결(헌법 제72조)이 있고, 법률 수준에서는 지방자치법 제18조의＊ 주민투표권이 있다.

국민발안제는 국민이 직접 헌법개정안이나 법률개정안을 제안할 수 있는 제도이다. 과거 1954년 제2차 개헌 시

＊ 제18조(주민투표)
　①지방자치단체의 장은 주민에게 과도한 부담을 주거나 중대한 영향을 미치는 지방자치단체의 주요 결정사항 등에 대하여 주민투표에 부칠 수 있다.
　②주민투표의 대상·발의자·발의요건, 그 밖에 투표절차 등에 관한 사항은 따로 법률로 정한다.

민의원 선거권자 50만 인 이상이 헌법개정을 제안할 수 있는 국민발안제를 잠시 도입한 바 있다.

국민소환제(Recall제)는 선출된 공직자를 국민이 임기 만료 전에 해직시키는 제도로, 일본의 대법관 국민소환제가 있다.

우리나라의 현행헌법은 국민표결, 국민발안, 국민소환 이 세 가지 중에 국민표결에 관해서만 규정을 두고 있다. 헌법개정안 국민투표(제130조)와 국가안위에 관한 중요정책 국민투표(제72조)를 통해 국민의 직접 참여를 보장하고 있다.

자유민주주의: 정치 분야의 민주주의

자유민주주의는 '자유주의'와 '민주주의'라는 두 가지 중요한 가치가 결합된 정치 원리이다. 자유주의는 개인의 자유와 권리를 최대한 존중하고, 국가가 개인의 삶에 함부로 간섭하지 않아야 한다는 생각이다. 국가권력의 간섭을 배제하고 개인의 자유와 자율을 존중할 것을 요구하는 사상적 입장으로서 18세기 부르주아들이 주창한 이데올로기이다. 민주주의는 국민이 나라의 주인으로서, 국민의 뜻에 따라 나라가 운영되어야 한다는 생각이다. 민주주의는 국가권력이 국민에게 귀속되는 것을 특징으로 하는 정치 원리이다.

독일 연방헌법재판소는 자유민주주의를 "모든 폭력적 지배와 자의적 지배를 배제하고 그때그때의 다수 의사와 자유 및 평등에 의거한 국민의 자기결정을 토대로 하는 법치국가적 통치 질서"라고 정의했다. 자유민주주의에 대한 가장 직접적인 정의라고 할 수 있다. 폭력이나 독재를 반대하고, 국민의 자유와 평등을 바탕으로 나라를 운영하는 것이다.

우리나라 헌법에도 자유민주주의에 대한 명시적인 규정이 있다. 현행헌법 전문 "자유민주적 기본질서를 더욱 확고히 하여"라는 문구를 통해 자유민주주의를 중요한 가치로 강조하는데, 유신헌법에서 우리 헌법 전문에 처음 등장한 것으로 박정희 대통령이 자유민주주의를 강조했던 것이다. 그 후 현행헌법은 헌법 본문 제4조를 신설하여 국가에게 "자유민주적 기본질서에 입각한 평화통일정책"을 수립하고 추진할 의무를 부여하고 있다.

사회민주주의: 경제 분야의 민주주의

정치 영역에 있어서의 민주주의가 자유민주주의라면, 경제 영역에 있어서 대한민국 헌법이 추구하는 민주주의를 사회민주주의라고 볼 수 있다. 우리 헌법은 복지국가 원리를 바탕으로 경제 분야에서도 민주주의를 실현하고자 하는데, 이는 유럽식 사회민주주의와 유사한 형태를 띠며 사회적 시장경제 질서를 추구하는 것이다. 복지국가 원리는 모든 국민이 인간다운 삶을 살 수 있도록 국가가 적극적으로 노력해야 한다는 이념으로, 이는 사회적 약자를 보호하고, 모든 국민에게 기본적인 생활을 보장하는 것을 의미한다. 자세한 내용은 복지국가 원리와 사회적 시장경제 질서에서 다시 설명할 예정이다.

방어적 민주주의

방어적 민주주의는 민주주의를 파괴하려는 세력으로부터 민주주의를 스스로 지키기 위한 자기방어 시스템이라고 할 수 있다. '민주주의의 이름으로 민주주의 자체를 파괴하거나 자유의 체계를 말살하려는 적으로부터 민주주의가 자신을 방어·투쟁하기 위한 자기방어적·자기 수호적 민주주의'를 말한다. 독일의 역사를 통해 민주주의의 '상대주의적 가치중립성'을 지양하고 민주주의가 스스로의 존립을 유지하기 위해 자신의 방어책을 강구하지 않으면 안 된다는 요청에 따라 '가치지향성(반대는 가치절대성)'을 지니는 방어적 민주주의론이 주창되었다. 그 최초의 시도는 1930년대 말 뢰벤슈타인(Loewenstein)이나 카를 만하임(Karl Mannheim)의 '전투적 민주주의론(militant democracy)'이다. 그래서 '방어적 민주주의'를 '전투적 민주주의'(Streitbare Demokratie)라고도 부른다.

독일은 과거의 아픈 역사를 통해 민주주의를 지키기 위한 강력한 제도를 마련했다. 제1차세계대전 이후 독일연방공화국은 방어적 민주주의를 위한 제도로서 독일 헌법에 기본권상실 제도와 위헌정당강제해산 제도를 도입하였다.

기본권상실 제도란 특정인이나 특정조직이 헌법적 질서를 파괴하기 위한 오도된 목적으로 기본권을 악용하는 경우에, 헌법상 보장된 일정한 기본권들을 그들에 한해 상실시키는 제도를 말한다. 민주주의를 파괴하려는 목적으로 기본권을 악용하는 경우, 해당 기본권을 제한할 수 있다는 것이다. 독일 헌법 제18조는[*] 실효될 수 있는 기본권으로 표현의 자유(언론·출판·집회·결사의 자유), 교수의 자유, 서신 및 통신의 비밀, 재산권, 망명권을 한정적으로 열거하고 있다. 독일 연방헌법재판소가 기본권상실 심판권을 가지는데, 재미있는 것은 독일에서도 지금까지 한 번도 기본권상실 신청이 받아들여져서 기본권상실 인용결정이 난 적은 없다는 사실이다. 독일 연방헌법재판소는 지금까지 연방정부의 불성실한 대응(연방정부가 연방헌법재판소의 추가 자료 제출 요구에 불응)을 이유로 기본권실효를 위한 사건의 청구들을 모두 각하해오고 있다.

위헌정당강제해산 제도란 민주주의 그 자체를 폐제할 목적으로 활동하는 반(反)민주적이고 위헌적인 정당을 헌법

● 독일 헌법 제18조[기본권의 실효]는 "의사표현의 자유, 특히 출판의 자유(제5조 1항), 교수의 자유(제5조 3항), 집회의 자유(제8조), 결사의 자유(제9조), 서신·우편 및 전신의 비밀(제10조), 재산권(제14조), 또는 망명권(제16조a)을 자유민주적 기본질서를 공격할 목적으로 남용하는 자는 기본권의 효력을 상실한다. 실효와 그 범위는 연방헌법재판소에 의하여 선고된다"고 규정한다.

소송을 통해 강제해산시키는 제도를 말한다. 민주주의를 파괴하려는 정당을 헌법재판소의 결정을 통해 강제로 해산시킬 수 있다는 뜻이다. 독일 헌법 제21조 2항은 "그 목적이나 추종자의 행태에 있어 자유민주적 기본질서를 침해 또는 폐제하려고 하거나 또는 독일연방공화국의 존립을 위태롭게 하려고 하는 정당은 위헌이다. 위헌성의 문제에 관해서는 연방헌법재판소가 결정한다"고 규정한다. 독일 연방헌법재판소는 1952년에 독일사회주의국가당(SRD)을 위헌정당으로 해산하였으며, 1956년 공무원이 독일공산당(KPD)에 가입해 활동한 사건에서 독일공산당을 위헌정당으로 해산하고 그 재산을 몰수하는 판결을 내렸다.

우리 헌법은 독일 헌법상의 방어적 민주주의의 두 가지 제도 중 하나인 위헌정당강제해산 제도를 받아들였다. 헌법 제8조 제4항이 "정당의 목적이나 활동이 민주적 기본질서에 위배될 때에는 정부는 헌법재판소에 그 해산을 제소할 수 있고, 정당은 헌법재판소의 심판에 의하여 해산된다"고 규정하고 있는 것이 그것이다. 정당의 목적이나 활동이 민주적 기본질서에 위배될 경우, 정부는 헌법재판소에 해산을 청구할 수 있다.

대한민국이 민주공화국이라고 했을 때, 우리나라 헌법에서 말하는 '민주주의'는 하나의 뜻으로만 해석되지 않는다. 자유민주주의, 사회민주주의, 방어적 민주주의, 대의제 민주주의, 정당제 민주주의, 민족적 민주주의 등 우리 헌법은 이러한 다양한 민주주의 개념들을 모두 포괄하는 넓은 의미의 민주주의를 지향한다.

법치주의 이념

민주주의 이념에 이어서 두 번째 우리 헌법의 핵심 이념으로는 법치주의 이념이 있다. 법치주의는 쉽게 말해 법에 따라 나라를 다스리는 것이다. 법치주의란 국가의 모든 활동과 국민의 생활이 법에 따라 이루어져야 한다는 원칙으로, '모든 국가적 활동과 국민적 생활은 국민의 대표기관인 의회가 제정한 법률에 근거를 두고 법률에 따라 이루어져야 한다는 헌법원리'로 정의된다.

오늘날 법치주의는 국민의 권리의무에 관한 사항을 법률로 정해야 한다는 '형식적 법치주의'에 그치는 것이 아니라 그 법률의 목적과 내용 또한 기본권보장의 헌법 이념에 부합되어야 한다는 '실질적 법치주의'를 의미한다.

형식적 법치주의 vs. 실질적 법치주의

과거 독일에서는 '형식적 법치주의'라는 개념이 있었다. 형식적 법치주의란 법의 형식적 중요성을 강조한 것으로, 법률의 내용이나 목적은 중요하지 않고, 법률이 만들어졌다는 사실 자체가 중요했다. 법이 있기만 하면 된다는 생각과 같았다.

오토 마이어(Otto Mayer) 등 과거 독일의 공법학자들은 법치주의를 시민적 자유를 보장하기 위한 방법과 법 기술로 이해하였다. 따라서 행정과 사법이 의회가 제정한 법률에 적합하도록 행해질 것만 요구할 뿐, 법률 자체의 '내용'(내지는 '목적')은 문제 삼지 않았다. 의회가 만든 법률에 의한 행정, 의회가 만든 법률에 의한 사법을 법치주의로 이해했던 것이다.

그러나 독재체제하에서는 법률이 개인의 권익보호를 위한 장치가 아니라 개인을 억압하기 위한 수단(법률주의)으로 악용될 수 있었다. 독재자는 국민을 억압하는 법률을 만들고, 그 법률을 근거로 자신의 독재를 정당화할 수 있다. 제2차세계대전 당시 독일 히틀러의 나치 제국이나 이탈리아 무솔리니 등의 파시즘 제국이 대표적인 예다. 히틀러는 유대인 학살과 같은 반인륜적인 행위를 의회를 통과한 법률을 근거로 시행했다.

형식적 법치주의는 법률의 존재 자체를 중요하게 생각했지만, 법률의 내용이 정의로운지, 국민의 권리를 보호하는지는 고려하지 않았다. 마치 '악법도 법이다'라는 생각과 같았다.

제2차세계대전 이후에 이에 대한 반성과 함께 '실질적 법치주의'라는 새로운 개념이 등장하게 되었다. 법률의 '내용'(내지 '목적')도 정의(正義)나 기본권보장의 헌법 이념(인간존중)에 합치될 것을 요구하게 되었다. 법률에 의한 행정, 법률에 의한 사법이라는 측면은 그대로 유지되지만, 그 법률의 내용도 헌법 이념에 합치할 것을 요구하게 된 것이다. 따라서 법률이 만약에 위헌적인 법률이면 그 법률은 무효선언을 해버려야지 그 법률에 입각한 사법이나 행정을 해서는 안 된다. 따라서 이제 행정·사법뿐만 아니라 입법까지도 헌법의 이념에 기속을 받게 되었다.

이것을 제2차세계대전 이전의 법치주의와 구분해서 실질적 법치주의라고 불렀다. 실질적 법치주의란 법률이 만들어지는 과정뿐만 아니라, 법률의 내용과 목적도 정의롭고 국민의 기본권을 보장해야 한다는 원칙이다. 법을 만드는 국회뿐만 아니라, 법을 집행하는 정부와 법을 해석하는 법원 모두 헌법의 정신을 따라야 한다.

실질적 법치주의와 함께 헌법재판소 제도가 등장하기 시작했다. 법률의 내용이 헌법 이념에 합치할 것까지도 요구하므로, 이에 대해서 유권적인 판단을 내리는 기관이 필요했고 오스트리아를 필두로 독일 헌법 등에서 헌법재판소 제도를 채택하게 되었다.

이러한 법치주의의 목적은 뭘까? 왜 법에 근거한 행정, 법에 근거한 사법 또 헌법 이념에 반하지 않는 입법을 요구하는 걸까? 그것을 통해서 국민의 자유와 권리를 보장하기 위해서이다.

법치주의의 법적 성격

법치주의는 국가권력의 '제한 원리', 즉 국가권력이 함부로 사용되지 않도록 제한하는 원리이다. 법치주의란 권력 제한, 국가권력이 법에 따라 행사되어야 하며 함부로 사용될 수 없다는 원칙이며, 국가권력으로부터 국민의 자유와 권리를 보호하기 위한 원리이다. 선재(先在)하는 국가권력으로부터 국민의 자유와 권리를 보호하기 위한 방어적·투쟁적 원리이자, 비정치적·법 기술적 원리이고, 국가권력의 통제를 목적으로 하는 소극적 원리인 것이다.

법치주의는 권력자의 권력을 제한하는 원리로 대통령과 같은 권력자도 법을 지켜야 한다는 것을 의미하며, 국민이 법을 잘 지켜야 한다는 의미의 '준법주의'와는 다르다.

법치주의의 목적과 제도적 기초

법치주의는 국가권력이 함부로 사용되지 않도록 제한하고,

국민의 자유와 권리를 보호하기 위한 중요한 원칙이다.

법치주의의 목적은 '국민의 자유와 권리의 보장'에 있다. 국가권력이 함부로 국민의 권리를 침해하지 못하도록 하는 것이다.

법치주의의 제도적 기초는 '권력분립'이다. 국가권력의 남용을 방지하기 위해 입법, 행정, 사법으로 권력을 나누고, 서로 견제와 균형을 이루도록 하는 것이다. 법률에 의한 행정, 법률에 의한 사법, 헌법에 의한 입법으로 행정, 사법, 입법이 법률에 근거해서 이루어져야 한다.

법치주의 내용을 세 가지로 요약하면 헌법에 합치하는 법률의 입법, 법률에 의한 행정, 법률에 의한 재판이다. 국회는 헌법에 어긋나지 않는 법률을 만들어야 하고, 정부는 법률에 근거하여 행정 활동을 해야 하며, 법원은 법률에 따라 공정하게 재판해야 한다.

법치주의는 국가의 모든 활동이 헌법과 법률에 따라 이루어져야 한다는 원칙을 의미한다.

복지국가의 이념

민주주의 이념, 법치주의 이념에 이어서 복지국가 이념이 세 번째 우리 헌법의 핵심 이념이다.

복지국가란 '모든 국민에게 최소한의 생활의 기본적 수요를 충족시킴으로써 건강하고 문화적인 생활을 누릴 수 있도록 하는 것이 국가의 책임이자 국민의 권리로 인정되는 국가'로 정의된다.

영미법계에서는 웰페어스테이트(welfare state)라고 하고, 독일을 중심으로 한 유럽에서는 조치알슈타트(Sozialstaat)라고 한다. 복지국가의 이념이 세계 각국의 헌법에 등장하기 시작한 것은 20세기 이후다.

20세기에 들어와 사회적 모순과 경제적 불평등이라는 자본주의의 폐해가 심화되고 노사 갈등, 경제공황, 실업자 증가, 빈익빈 부익부 심화 현상이 나타났다. 그러자 경제적 자유방임주의에서 벗어나 부의 재분배 정책이나 국가에 의한 투자 계획 등 국가의 개입을 주장하는 이론이 등장하였다. 경제학 분야에서 케인스 경제학이 그 예이다. 이에 자본주의적 생산양식을 기본으로 하면서 사회보장과 완전고용 실현 등을 국가적 책임이자 국민의 권리로 하는 복지국가 이념이 등장하였다.

복지국가의 핵심 내용

첫째, 복지국가 원리의 실현 방법은 산업사회에서 발생하는 계급적 갈등을 단계적·점진적 사회개량 정책으로 해결하는 것이다. 둘째, 이념은 공평 분배의 원리에 의한 '사회정의'의 이념이다. 셋째, 성격은 적극 국가이다. 새로운 질서 형성을 위해 국가가 적극적으로 정책을 개발하며 개인적 생활영역에 개입하는 것을 인정한다. 초기 자본주의 국가의 소극국가나 야경(夜警)국가와 구분되는 개념이다. 넷째, 인간상은 사회와 관련성을 가지고 사회적 구속을 받는 인간인 '사회적 인간'이다. 왜냐하면 사회국가는 국가의 개인들에 대한 책임은 물론 개인의 사회에 대한 책임까지도 강조하기 때문이다. 이에 비해 자본주의의 인간관은 이기적·개인주의적 인간이다.

이에 따라 복지국가 원리의 핵심 내용은 첫째, 기본권에 있어서 사회적 기본권의 보장, 둘째, 재산권의 사회적 기능과 제한의 강조, 셋째, 경제민주화(기회균등의 보장과 소득의 적정 분배) 실현, 넷째, 사회복지정책의 추진, 다섯째, 경제질서에 대한 규제와 조정이 된다.

근대에는 개인의 자유를 중시하는 '자유권'이 가장 중요한 기본권으로 여겨졌지만 현대 사회에서는 모든 국민이 인간다운 삶을 살 수 있도록 '사회권'이 중요하게 되었다. 모든 국민이 기본적인 의식주를 해결하고, 건강하고 문화적인 삶을 누릴 수 있도록 보장하는 인간다운 생활을 할 권리가 그것이다. 환경권, 근로권, 노동삼권, 보건권, 교육받을 권리, 사회보장 수급권 등 다양한 사회권이 등장했다. 근대에는 개인의 재산은 절대적으로 보호되어야 하며, 국가도 함부로 제한할 수 없다고 여겼지만 현대에는 재산권의 보장이 아니라 재산권의 제한이 강조된다.

우리 헌법의 제23조● 재산권에서도 제1항의 1문만 재산권 보장에 관한 것이지 제1항 2문과 제2항 및 제3항은 모두 재산권의 제한에 관한 내용이다. 우리 헌법이 수정자본주의, 즉 복지국가 원리를 기본 원리로 채택하고 있다는 것을 보여주는 조항이다.

복지국가 원리 질서로서의 구체화 '사회적 시장경제 질서'

우리 헌법은 개인의 자유로운 경제 활동을 존중하면서도,
국가의 적절한 개입을 통해 사회정의를 실현하는 '사회적
시장경제 질서'를 추구한다. 이는 개인과 기업의 자유로운
경제 활동을 존중하는 '자유시장경제'를 바탕으로 하지만
동시에 국가가 필요에 따라 경제에 개입하여 불평등을 해소
하고, 모두가 함께 잘 살 수 있도록 조정하는 역할도 한다.

헌법 '제9장 경제'의 맨 앞 조항인 제119조에서 "①대한
민국의 경제질서는 개인과 기업의 경제상의 자유와 창의를
존중함을 기본으로 한다. ②국가는 균형있는 국민경제의
성장 및 안정과 적정한 소득의 분배를 유지하고, 시장의 지

• 재산권에 관한 우리 헌법 제23조는 "①모든 국민의 재산권은 보장된다. 그
  내용과 한계는 법률로 정한다. ②재산권의 행사는 공공복리에 적합하도록
  하여야 한다. ③공공필요에 의한 재산권의 수용·사용 또는 제한 및 그에 대
  한 보상은 법률로써 하되, 정당한 보상을 지급하여야 한다."고 규정한다.

배와 경제력의 남용을 방지하며, 경제주체간의 조화를 통한 경제의 민주화를 위하여 경제에 관한 규제와 조정을 할 수 있다"라고 규정하여 대한민국의 경제적 공동체로서의 기본질서로서 '사회적 시장경제 질서'를 규정하고 있다.

이때 '사회적 시장경제 질서'는 "(헌법 제119조 제1항의 규정대로) 자본주의 자유시장경제를 근간으로 하되, (헌법 제119조 제2항의 규정대로) 경제의 민주화를 실현하기 위한 범위 내에서 국가의 경제에의 규제나 조정이 허락된 경제질서"로 정의된다.

헌법에서 경제에 관한 일련의 조항들을 '경제헌법'이라고 부른다. 근대헌법은 정치 중심의 헌법으로 정치적 문제가 주된 관심사였으나 현대에는 경제문제가 중대한 헌법사항으로 간주되고 있다.

자본주의의 모순으로 자유시장경제 질서하에서 나타난 실질적 불평등을 점진적·단계적 사회개량의 방법으로 해결하려는 입장은 '부분적 사회화'로 나아갔고 경제질서에 있어서 '사회적 시장경제 질서'로 나타났다. 개인의 재산과 자유로운 시장 활동을 존중하면서도, 국가의 적절한 개입을 통해 사회정의를 실현한다. 사유재산제(직업선택의 자유와), 시장경제(가격, 생산, 소비), 사회정의(공정한 거래, 독과점의 배제, 경제적 불평등 요인의 제거) 가운데 사유재산제와 시장경제를 근간으로 하면서 사회정의로 수정(부분적 개입, 규제와 조정)을 가하는 것을 특징으로 한다.

이에 반해 자본주의의 모순을 일거에 혁명적 방법으로 해결하려는 입장은 공산주의, 사회주의 국가에서의 '계획경제'로 나아갔다.

평화 국가의 이념

끝으로 우리 헌법은 평화 국가의 이념을 지향하고 있다.

세 가지 중 첫 번째가 침략적 전쟁의 부인, 두 번째는 국제법질서 존중, 세 번째 내용은 외국인의 법적 지위 보장이다.

침략적 전쟁의 부인

"대한민국은 국제평화의 유지에 노력하고 침략적 전쟁을

부인한다"고 규정한 헌법 제5조 제1항은 교전권까지 부인하지는 않지만 침략적 전쟁을 부인한다. 그렇지만 침략적 전쟁을 부인하기 때문에 방위 전쟁이나 자위전쟁은 허용된다. 예를 들어서 다른 나라가 먼저 우리를 침략해 들어오는 경우에는 자위나 방위 차원에서 싸울 수 있다.

여기서 "침략적 전쟁"이란 '영토 확장, 국가정책의 관철, 국제 분쟁해결의 수단으로 행하는 무력의 행사나 무력에 의한 위협'으로, 단순한 경찰력 행사는 침략적 전쟁에 포함되지 않는다.

국제평화주의가 국제문제뿐만 아니라 한반도에 관한 문제에도 적용된 결과가 '평화통일의 원칙'이다. 이에 관해 헌법 전문은 "조국의 평화적 통일의 사명에 입각하여"라고 규정하고, 헌법 본문 제4조는 "평화적" 통일정책, 제66조 제3항은 대통령의 의무로서 평화통일 의무, 제69조는 대통령의 취임 선서에서 평화통일 의무를 규정하고 있다.

국제 법질서 존중

우리 헌법 제6조 제1항은 "헌법에 의하여 체결·공포된 조약과 일반적으로 승인된 국제법규는 국내법과 같은 효력을 가진다"고 규정한다. 이 조항에 의해 국가 간의 조약이나 일반적으로 승인된 국제법규 등의 국제법이 국내에서도 법적 효력을 가지게 된다. 이것은 대한민국이 국제 법질서를 존중한다는 헌법적 선언이다.

국제법이라는 것은 조약과 일반적으로 승인된 국제법규인데, 특히 조약의 경우 조약·협약·협정·규약·선언·의정서 등 그 명칭 여하를 불문하고, "국가·국제기구 등 국제법 주체 사이에 권리의무관계를 창출하기 위하여 서면 형식으로 체결되고 국제법에 의해 규율되는 합의"(헌재 2008. 3. 27. 2006헌라4)로 정의된다.

과거에 박근혜 정부의 외교부 장관과 일본의 외교부 장관인 외무대신이 2015년 12월 28일 위안부 피해자 문제 관련 합의를 공동발표를 하면서 재단을 만들어 출연금으로 위안부 피해자 할머니들을 돕는 해결책을 제시하면서, 이 합의는 불가역적이라는 단서까지 붙인 바가 있다. 그런데 이 합의는 문서화된 게 아니고 외교부 장관끼리 공동 기자회견의 형식으로 발표를 한 것이었다. 그래서 헌법재판소에 이 합의가 조약인지 아닌지를 다툴 때, 대한민국 외교부 장관과 일본국 외무대신이 공동발표한 위안부 피해자 문제 관련 합의의 절차와 형식에 있어서나 실질에 있어서 구체적인 권리의무의 창설이 인정되지 않기 때문에 국내법적 효력을 가지는 조약이라고 볼 수 없다고 했다. 헌법재판소는 "'대한민국 외교부 장관과 일본국 외무대신이 2015. 12. 28. 공동발표한 위안부 피해자 문제 관련 합의'의 절차와 형식에 있어서나 실질에 있어서 구체적 권리·의무의 창설이 인정되지 않으므로 국내법적 효력을 가지는 조약이라 볼 수 없다"고 판시하였다.•

조약의 체결 및 비준권은 헌법 제73조에 의해 대통령에

• 한일 양국 정부는 당시에 일본군 위안부 문제가 최종적으로, 불가역적으로 종결되었음을 선포하였다. 일본 총리가 공식으로 사과한 것은 처음 있는 일이었다. 일본 정부 예산으로 위안부 재단 출연금이 나온 것도 최초였다. 일본의 국가 예산에서 10억 엔을 받은 것은 일본의 간접적 국가 책임 인정을 받아들인다는 의미로 해석될 수 있다. 국가 책임이 전혀 없다면 위안부 피해자 지원을 위해 일본이 국가 예산을 사용할 이유가 없다. 일본은 이 내용을 끝까지 거부했다.

게 있다. 이때 조약의 "체결"이란 일반적으로 대통령에 의한 전권대사의 지명·파견과 조약 내용에 대한 기본방침 지시를 말하고, "비준"이란 국가 간에 체결된 조약안을 국가원수가 최종적으로 확인하여 조약으로 완성시키는 행위를 말한다. 조약의 체결·비준권이 대통령의 권한이므로 조약의 종료권도 (국회 동의 없이) 대통령에게 있다. 헌법은 일반적으로 대통령에게 대외관계와 외교문제에 관한 일반적 권한을 부여하기 때문이다.

다만, 헌법 제60조 제1항은 "국회는 상호원조 또는 안전보장에 관한 조약, 중요한 국제조직에 관한 조약, 우호통상항해조약, 주권의 제약에 관한 조약, 강화조약, 국가나 국민에게 중대한 재정적 부담을 지우는 조약 또는 입법사항에 관한 조약의 체결·비준에 대한 동의권을 가진다"고 규정하여 중요한 이 7가지 조약에 대해서는 체결 및 비준에 앞서 국회의 동의를 얻게 하고 있다.

헌법 제60조 제1항에 의해서 국회의 사전 동의를 요구하는 조약에는 상호원조조약, 안전보장에 관한 조약, 중요한 국제조직에 관한 조약 등이 있어 우리가 중요한 국제조직인 UN에 들어가려 할 때 국회의 사전 동의를 얻었다.

이 7가지 조약들에 국회의 사전 동의를 요하는 것에는 조약의 체결·비준에 국민의 대표기관인 국회를 관여시켜서 조약을 국민의 의사(법률)로 보려는 국민주권적 사고가 깔려 있다. 그리고 이것은 첫째, 조약의 체결·비준에 대통령의 전단을 방지하고 민주적 통제를 가하는 의미를 가지며, 둘째, 대통령의 조약에 대한 체결·비준을 정당화시키고 조약의 국내법적 효력을 발생시켜주는 요건이 된다.

보통 조약은 행정부 명령으로서의 효력을 가지지만 국회의 동의를 얻어서 체결 비준된 조약은 국회가 만든 법률과 같은 법률의 효력을 가진다.

법률과 조약이 충돌할 경우에는 어느 것이 적용될까? 보통 법률과 법률의 효력을 가지는 조약이 충돌할 때는 신법 우선의 원칙에 의해서 최근에 제정 혹은 개정된 법률이나 조약이 우선해서 적용된다. 그렇기 때문에 국회의 동의를 얻은 조약이 법률의 효력을 가진다는 것은 그 조약이 구법을 대체할 수 있다는 의미를 가진다. 국회의 동의 없이 체결된 조약은 명령의 효력 정도만 가지기 때문에 구법을 대체하지는 못한다.

외국인의 법적 지위 보장

외국인의 법적 지위와 관련해 각국 헌법은 평등주의나 상
호주의를 채택한다. 첫째, '평등주의'란 '외국인에 대해 자
국민과 동일한 지위를 인정하는 주의'를 말한다. 둘째, '상
호주의'란 '재외국민에게 그 외국이 인정하는 것과 동일한
정도로 자국 내에 있는 당해 외국인에게 권리의무를 인정
하는 주의'를 말한다.

　우리 헌법도 제6조 제2항에서 외국인은 국제법과 "조약
이 정한 바에 따라" 법적 지위가 보장된다고 규정하여 '상
호주의'를 취하고 있고, 다른 대부분의 국가들도 마찬가지
이다.

2부

헌법은 아무도
믿지 않는다

헌법에 나타난 통치구조

권력분립의 원리

우리 대한민국 헌법은 크게 세 부분으로 나뉜다. 헌법의 기본 원리와 국가형태에 관해서 규정하고 있는 헌법총설, 국민의 기본권에 대해서 규정하고 있는 기본권 조항들에 대한 해석을 다루는 기본권론, 입법부, 사법부, 행정부 등의 국가기관과 헌법기관의 조직 구성 및 권한에 관해서 규정하고 있는 헌법 조항들에 대한 해석론을 다루는 통치구조론, 세 부분이다. 이번 장에서는 통치구조론에 대해서 간략하게 알아보도록 하겠다.

대한민국에는 입법부인 국회, 행정부인 대통령과 국무회

의, 사법부인 일반 법원, 대법원, 헌법재판소 등이 있다. 이 기관들이 어떻게 조직되고, 어떤 권한을 가지는지 설명하는 것이 바로 통치구조론이다.

통치구조에 관한 헌법 조항들에 적용되는 가장 기본적인 원리가 바로 권력분립의 원리이다. 영어로는 'separation of powers'라고 한다. 이 원리는 우리나라 헌법뿐만 아니라 미국이나 독일 같은 다른 나라 헌법에서도 찾아볼 수 있다. 이번 장에서는 이 권력분립 원리를 통해서 우리 헌법의 통치구조에 대해서 개관해보고자 한다.

권력분립의 원리란

권력분립 원리는 단순히 국가 기능을 분할하는 것을 넘어, 국민의 자유와 권리 보장을 위한 핵심적인 헌법적 작동 메커니즘을 의미한다. 권력분립은 그 자체로 목적이 아니라, 국가권력의 남용을 방지하고 국민의 기본권을 실질적으로 보장하기 위한 수단이다. 역사적으로 권력 집중은 필연적으로 권력 남용과 국민 권리 침해로 이어져왔으며, 권력분립은 이러한 폐해를 예방하는 가장 효과적인 장치다.

권력분립은 국가권력을 입법권, 행정권, 사법권으로 나누고, 이 분리된 국가권력을 국회, 행정부, 법원 및 헌법재판소라는 독립된 기관에 분산시킨다. 기능적 분할로 권력 행사의 전문성과 효율성을 높이는 동시에, 특정 기능의 독점을 방지하며, 기관적 분산으로 분할된 권력이 특정 기관에 집중되어 자의적으로 행사될 가능성을 최소화한다.

권력분립의 핵심은 단순히 권력을 나누는 것에 그치지 않고, 분리된 각 기관이 상호 견제와 균형을 이루도록 설계하는 데 있다. '견제와 균형(checks and balances)'은 특정 기관이 다른 기관을 통제하거나 압도하지 못하도록 하여 권력의 균형을 유지하고, 궁극적으로 권력 남용을 방지하는 효과를 가져온다. 헌법은 각 기관에 고유한 권한을 부여하는 동시에, 다른 기관의 권한행사에 대해 제동을 걸 수 있는 견제 장치를 마련하고 있다. 국회의 행정부 견제권, 행정부의 법률안거부권, 사법부의 위헌법률심사권 등이다.

권력분립 원칙은 18세기 프랑스의 사상가이자 고등법원

판사 출신이었던 몽테스키외가 저서 『법의 정신』에서 제시한 이론적 토대에 기반한다. 노년에 고향에 돌아가서 그동안 판사 생활을 하면서 느꼈던 소회를 쓴 책인데, 몽테스키외는 당시 군주 국가의 권력 집중 폐해를 분석하고 입법, 사법, 행정 권력의 분립과 상호 견제를 통해 국민의 자유를 보장할 수 있다고 주장했다. 그의 사상은 미국 헌법 제정 등 근대 입헌주의 발전에 지대한 영향을 미쳤으며, 현대 민주주의 국가 헌법의 핵심 원리로 자리매김했다.

권력분립 원칙의 핵심은 권력 자체를 부정하는 것이 아니라, 권력의 집중과 남용을 방지하여 국민의 기본권을 효과적으로 보호하는 데 있다. 권력이 분산되고 상호 견제가 이루어질 때 각 기관은 자신의 권한을 남용하기 어렵게 되고, 다른 기관의 권력 남용을 견제함으로써 전체적인 국가 권력의 균형을 유지할 수 있다.

권력분립 원리의 특성

권력분립의 원리는 몇 개의 특성을 가지는데 자유주의적 원리, 소극적 원리, 중립적 원리, 권력균형의 원리이다.

자유주의적 원리

권력분립 원리는 인간 본성에 대한 근본적인 불신, 특히 권력의 속성에 대한 경계심에서 출발한다. 역사적으로 권력을 가진 인간은 그 권력을 남용할 가능성이 높다는 경험적 사실에 주목한다. 영국의 역사가 액턴(Lord Acton)은 "권력은 부패하기 쉽고, 절대 권력은 필연적으로 부패한다(Power tends to corrupt, and absolute power corrupts absolutely)"라는 경구를 남겼다. 권력분립 원리는 인간이 권력을 독점했을 때 발생할 수 있는 부패와 권력 남용의 위험성을 전제하고 설계된 체제이다.

따라서 권력을 여러 기관에 분산시키고 상호 견제하도록 함으로써, 국가권력이 자의적으로 개인의 자유 영역을 침범하는 것을 방지하고자 한다. 권력분립 원리는 기본적으로 개인의 자유, 자율성, 그리고 권리 보호를 실현하기 위한 자유주의적 원리이다. 국가권력으로부터 개인의 자유를 보호하는 소극적 자유의 개념과 밀접하게 연결된다.

소극적 원리

권력분립 원리의 또 다른 중요한 특징은 그 소극적인 성격이다. 권력분립이 적극적으로 국가권력의 능력을 증진시키기 위한 제도가 아니라, 오히려 국가권력의 남용을 소극적으로 방지하기 위한 목적으로 설계되었다는 의미이다.

소극적 원리라는 것은 국가권력이 남용될 가능성이 있을 때, 즉 각 기관이 자신의 권한을 넘어서거나 부당하게 행사하려고 할 때 비로소 그 효과를 발휘하는 방어적 메커니즘이라는 뜻이다. 국가권력이 남용되는 상황이 발생했을 때 즉각적으로 적극적인 개입을 통해 문제를 해결하는 방식이라기보다는 권력 남용의 가능성을 낮추고 발생 시 그 확산을 억제하는 예방적이고 수동적인 역할을 수행한다.

중립적 원리

권력분립 원리의 또 다른 특징은 중립적인 원리라는 점이다. 권력분립이 입법권, 사법권, 행정권 중 특정 권력의 이익이나 우위를 두둔하는 것이 아니라, 국가권력 자체에 대해 객관적인 입장으로 권력의 균형을 유지하는 데 초점을 맞춘다는 의미이다. 권력분립 원리는 특정 국가기관을 편들거나 우위에 두려는 의도 없이, 국가권력 자체에 대해 객관적이고 중립적인 입장을 견지하는 원리이다.

권력균형의 원리

권력분립 원리의 가장 중요한 특징이자 핵심은 권력균형의 원리이다. 단순히 국가권력을 여러 기관에 나누는 것에 그치는 것이 아니라, 나뉜 권력들이 서로를 견제하고 균형을 이루도록 설계하여 특정 기관이 압도적인 힘을 갖게 되는 것을 막는 데 본질적인 목적이 있다. 권력분립의 진정한 의미는 권력을 분리하는 행위 자체에만 있는 것이 아니라, 분리된 권력들이 상호 견제 장치를 통해 균형을 유지하도록 만드는 데 있다.

고전적 권력분립론: 몽테스키외의 삼권분립론

권력분립론은 고대 그리스 철학자들의 국가권력 제한 논의에서 시작되었지만, 근대적 의미의 권력분립론은 17~18세기 유럽의 정치 사상가들에 의해 구체화되었다. 특히 존 로크의 이권분립론과 몽테스키외의 삼권분립론은 현대 헌법의 통치구조 형성에 지대한 영향을 미쳤다.

고대 그리스의 플라톤과 아리스토텔레스는 국가철학을 논하면서 국가권력이 무제한으로 행사되어서는 안 된다는 국가권력 제한론을 펼쳤다. 권력분립이라는 구체적인 형태로 발전하지는 못했지만 국가권력에 대한 견제와 균형의 필요성을 인식한 초기 사상으로 평가할 수 있다. 근대에 들어오면서 이를 구체화한 것이 로크의 이권분립론과 몽테스키외의 삼권분립론이다.

영국의 정치 사상가 존 로크는 저서 『통치론』에서 국가권력을 입법권과 집행권으로 나누어야 한다고 주장했다. 여기서 집행권은 오늘날의 행정권에 해당한다. 로크는 입법권을 국가의 최고 권력으로 보았으며, 집행권은 입법권에 의해 제정된 법률을 집행하는 하위 권력으로 간주했다. 로크의 이권분립론은 주로 영국에서 발전한 의원내각제 정부형태의 이론적 토대가 되었다. 의원내각제에서는 행정부(내각)가 입법부(의회)의 신임을 바탕으로 구성된다. 다수당의 대표가 수상이 되어 내각을 구성하고 행정부와 입법부 간의 긴밀한 협력 관계가 강조되기 때문에, 입법부의 우위를 강조한 로크의 이론이 잘 부합했다.

여기에 비해 프랑스에서는 법학자이자 정치사상가인 몽테스키외가 저서 『법의 정신』에서 삼권분립론을 처음 주장하는데, 이 삼권분립론은 우리나라와 미국 헌법을 비롯한 대통령제 국가 헌법의 통치구조의 기본 원리가 되었다. 몽테스키외는 국가권력을 입법권, 행정권, 사법권의 세 가지 권력으로 나누고, 이들 권력이 서로 분리되어 견제와 균형을 이루어야 한다고 주장했다. 몽테스키외는 오랫동안 프랑스 고등법원 판사로 재직하며 당시 프랑스 왕정의 권력 집중과 남용을 경험했고, 권력분립의 필요성을 절실히 느꼈다. 영국을 방문했을 때 입헌 군주제를 관찰하면서 권력분립의 이상적인 모델을 구상했다. 몽테스키외는 권력분립을 통해 국가권력의 남용을 막고 국민의 자유를 보장할 수 있다고 보았다.

몽테스키외는 국가권력이 한 사람이나 기관에 집중되면 필연적으로 부패하고 권력 남용으로 이어진다고 보았다. 따라서 입법, 행정, 사법 기능을 각각 독립된 기관에 맡기고, 각 기관이 서로를 견제하도록 함으로써 권력의 균형을 유지해야 한다고 강조했다.

몽테스키외의 삼권분립 사상은 미국 제헌 헌법에 지대한 영향을 미쳤다. 미국 독립 운동 당시 프랑스의 지원은 단순한 군사적 도움을 넘어 사상적 토대를 제공했다. 특히 라파예트는 미국 독립 운동에 혁혁한 공을 세운 프랑스인으로, 조지 워싱턴과 깊은 교류를 통해 미국 건국의 아버지들, 토머스 제퍼슨, 존 애덤스, 알렉산더 해밀턴 등에게 큰 영향을 주었다. 미국 제헌 헌법은 세계 최초로 삼권분립 이론을 헌법에 구현한 사례다. 이 과정에서 대통령제라는 새로운 정치 체제가 탄생하게 되었다. 대통령제는 미국 제헌 헌법에서 최초로 발명된 정치 시스템으로, 그 기반에는 몽테스키외의 삼권분립 사상이 자리 잡고 있다.

대한민국 헌법상의 권력분립과 견제와 균형

대한민국 헌법은 명확하게 국가권력을 입법권, 사법권, 행정권으로 분리하고 있으며, 각 권력 간의 견제 장치를 마련하여 권력의 균형을 유지하고 있다. 몽테스키외의 삼권분립론을 현대적으로 계승한 결과이다.

헌법 조항에 따라 국가권력은 입법권(헌법 제40조 "입법권은 국회에 속한다"), 사법권(헌법 제101조 제1항 "사법권은 법관으로 구성된 법원에 속한다"), 행정권(헌법 제66조 제4항 "행정권은 대통령을 수반으로 하는 정부에 속한다")으로 분리하고, 세 권력 상호 간에 견제 장치를 두어 권력 간의 균형을 꾀한다.

대한민국 헌법은 분리된 세 권력이 서로를 견제하고 균형을 이루도록 다양한 장치를 마련하고 있다.

사법부의 입법부 견제

헌법재판소는 국회가 제정한 법률이 헌법에 위반되는지 심사하는 위헌법률심사권을 가진다. 입법 활동의 범위를 헌법에 의해 제한하는 중요한 견제 장치이다.

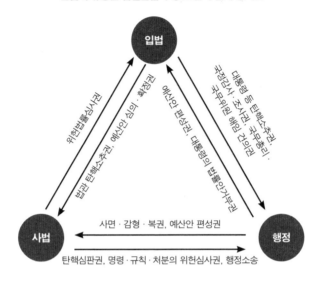

헌법에 규정된 삼권분립과 상호 간의 견제 장치들

입법

행정

사법

위헌법률심사권

법관 탄핵소추권, 예산안 심의·확정권

예산안 편성권, 대통령의 법률안거부권

대통령 등 탄핵소추권, 국정감사·조사권, 국무총리·국무위원 해임 건의권

사면·감형·복권, 예산안 편성권

탄핵심판권, 명령·규칙·처분의 위헌심사권, 행정소송

입법부의 사법부 견제

국회는 법관에 대한 탄핵소추권을 가진다. 법관이 직무 수행에 있어 헌법이나 법률을 위반했을 경우 책임을 물을 수 있는 수단이다. 또한 국회는 사법부 예산을 포함한 모든 국가 예산에 대한 심의 확정권을 통해 사법부 운영에 대한 간접적인 통제권을 행사한다.

행정부의 입법부 견제

대통령은 국회를 통과한 법률안에 대해 거부권을 행사할 수 있다. 이는 행정부가 입법부의 입법 활동에 제동을 걸 수 있는 중요한 권한이다. 윤석열 대통령은 지금 짧은 임기 중에 가장 여러 번 법률안거부권을 행사했다. 횟수로는 이승만 대통령이 더 많이 법률안거부권을 행사했다. 물론 거부권은 대통령이 국회에 대해서 가지는 헌법에 규정된 견제권이지만 남용했다는 평가를 받고 있다.

  예산안 심의·확정권은 입법부인 국회가 가지지만 예산안을 편성하는 권한은 행정부가 가진다. 행정부는 국가 예산안을 편성하여 국회에 제출하는 예산안 편성권을 통해 국가 재정 운영에 일정한 역할을 수행한다.

입법부의 행정부 견제

국회는 행정부에 대한 국정감사 및 조사권을 통해 행정부의 활동을 감시하고 정책 결정 과정에 영향을 미칠 수 있다. 또한 국회는 국무총리나 국무위원에 대한 해임 건의권을 통해 행정부의 정책 결정에 대한 책임을 물을 수 있다.

사법부의 행정부 견제

헌법재판소는 대통령을 포함한 행정부 고위공무원에 대한 탄핵심판권을 가지며, 법원은 행정부가 내린 명령, 규칙, 처분이 법률이나 헌법에 위반되는지 심사하는 명령·규칙·처분의 위헌심사권과 행정소송을 통해 행정부의 활동을 통제한다.

행정부의 사법부 견제

대통령은 사법부의 판결을 받은 자에 대해 사면, 감형, 복권 등 사면권을 행사할 수 있다. 감형, 복권도 넓은 의미의 사면권이다. 형벌의 선고는 사법부의 고유 권한임에도 불구하고 사면권은 대통령이 사법권 행사에 개입해서 그 효과에 변경을 가할 수 있는 권한이다. 권력분립의 원리에 대한 예외에 해당한다.

사법부의 이원적 구조

대한민국 사법부는 대법원을 정점으로 하는 일반 법원과 헌법재판소라는 이원적 구조를 취하고 있다. 헌법 제5장에서는 법원의 조직과 권한을, 제6장에서는 헌법재판소의 조직과 권한을 별도로 규정하고 있다. 헌법재판소는 일반 법원과는 다른 특별한 지위와 기능을 수행한다. 헌법재판소는 위헌법률심판, 탄핵심판, 정당 해산 심판, 권한쟁의 심판, 헌법소원심판 등 헌법 수호와 관련된 중요한 기능을 수행한다. 일반 법원은 민사, 형사, 행정소송 등 일반적인 법률 분쟁을 담당한다. 위헌심사권 중에 법률에 대한 위헌심사권은 헌법 제107조 제1항에 의해서 헌법재판소가 가지지만 명령·규칙·처분의 위헌심사권은 헌법 제107조 제2항에 의해 일반 법원이 가진다.

이처럼 우리 헌법은 제40조, 제101조 제1항, 제66조 제4항에 의해서 국가권력을 입법권, 사법권, 행정권으로 구분하고, 이 권한을 입법부, 사법부, 행정부라는 독립된 기관에 분리하여 권력분립의 원리를 확립하고 있다. 권력 상호 간의 견제와 균형의 원리에 기반해 시민의 생명과 자유, 즉 기본권을 보장하기 위한 헌법적 설계다.

견제 장치와 탄핵심판 관련 쟁점

윤석열 대통령 탄핵심판 과정에서 여러 견제 장치들이 주요 쟁점으로 부각되었다.

대통령의 계엄 선포권(행정부)

헌법 제77조 제1항에 따르면 계엄은 '전시·사변 또는 이에 준하는 국가비상사태' 시에만 선포될 수 있다. 그러나 윤 대통령은 국회의 탄핵소추권 남용과 예산안 심의·확정권 남용으로 계엄을 마음먹었다고 밝혔다.

국회의 예산안 심의·확정권(입법부)

국회는 헌법 제54조에 의해 행정부가 편성한 예산안을 심의하고 확정할 권한을 가진다. 윤 대통령은 국회가 예산안 심의 과정에서 행정부의 주요 정책 추진에 필요한 예산을 과도하게 삭감하여 행정부의 기능을 마비시켰다고 주장했다.

국회의 탄핵소추권(입법부)

국회는 대통령을 포함한 고위 공직자의 직무상 위헌·위법 행위에 대해 탄핵소추를 할 수 있다. 윤 대통령은 국회가 탄핵소추권을 남용하여 행정부의 정상적인 운영을 방해했다고 주장했다.

헌법재판소의 탄핵심판권(사법부)

대통령에 대한 탄핵소추가 국회를 통과하면 최종적으로 헌법재판소에서 탄핵심판을 진행하여 대통령의 파면 여부를 결정한다. 윤 대통령에 대한 탄핵심판이 헌법재판소에서 진행되어 윤석열은 파면되었다.

　다음 장에서는 윤석열 대통령의 탄핵과 관련된 견제권을 중심으로 각 권력 기관이 가진 권한과 그 견제 장치의 작동 방식을 살펴보겠다.

행정부의 예산안 편성권

vs 국회의 예산안 심의·확정권

예산이란 쉽게 말해 국가가 1년 동안 세금을 어디에 쓰고, 그 세금을 어떻게 마련할 것인지에 대한 계획이다. 헌법학자들은 "한 회계연도에 정부가 할 수 있는 세출의 준칙과 이에 충당할 재원인 세입에 대해 국회가 정부에 재정권을 부여하는 국법의 한 형식"이라고 정의한다.

프랑스나 미국 같은 나라는 예산을 법률로 통과시키는 예산법률주의이지만, 우리나라의 예산은 다른 나라와 달리 법률의 형태가 아니다. 우리나라는 법률과는 별도로 존재하는 특별한 형식으로 예산을 확정한다. 이를 통해 예산은 단순한 행정 계획이 아니라 국민의 대표 기관인 국회가 승인한 국가의 공식적인 재정 운영 계획으로서의 의미를 갖게 된다.

우리나라의 살림살이를 위한 예산과 관련해, 헌법은 예산안 편성권은 행정부에 부여하고, 행정부가 짠 예산안에 대한 심의와 최종적인 확정의 권한은 국회에 부여하고 있다. 즉 행정부와 입법부가 골고루 예산의 형성에 관여하게 하고 있다.

행정부의 예산안 편성권

헌법 제54조 제2항 "정부는 회계연도마다 예산안을 편성하여 회계연도 개시 90일 전까지 국회에 제출하고"라고 규정하고 있고, 이에 따라 국가재정법 제33조는 회계연도 개시 120일 전까지 정부가 예산안을 국회에 제출하도록 규정하고 있다.

여기서 '회계연도'는 국가의 재정 활동을 계산하는 기준이 되는 1년의 기간을 의미하며, 우리나라는 매년 1월 1일부터 12월 31일까지를 회계연도로 한다. 예산은 1회계연도마다 편성하게 하는 1년 예산주의를 따른다.

따라서 헌법 조항에 따르면 정부는 새로운 회계연도가 시작되기 90일 전까지, 즉 전년도 10월 초까지 다음 해의 예산안을 국회에 제출해야 한다. 이는 국회가 충분한 시간을 갖고 예산안을 심의하고 검토할 수 있도록 하기 위한 최소한의 법적 요건이다. 헌법은 예산안 편성의 기본적인 틀을 제시하지만, 실제적인 절차와 기한 등은 하위 법률인 국가재정법에서 더욱 구체적으로 규정하고 있다.

헌법 제89조는 국가적으로 중요한 정책 등에 대한 국무회의의 사전심의제를 규정하고 있다. 제4호에서 "예산안·결산·국유재산처분의 기본계획·국가의 부담이 될 계약 기타 재정에 관한 중요사항"으로 예산안을 편성하여 국회에 제출하기 전에 반드시 국무회의 심의를 거치도록 규정하고 있다.

국무회의는 대통령을 의장으로 하고 국무총리와 각 부처 장관으로 구성된 합의제 행정기관이다. 예산안이 국무회의에 상정되면, 각 부처 장관들은 자신의 소관 분야 예산에 대한 의견을 제시하고, 예산안 전체의 균형과 효율성에 대해 논의하여 정부 전체의 합의를 바탕으로 최종안이 확정된다.

국회의 예산안 심의·확정권

헌법 제54조 제2항은 국회가 행정부가 제출한 예산안에 대해 심의하고 최종적으로 확정할 권한을 가지며, 회계연도 개시 30일 전까지 예산안을 의결해야 한다고 규정하고 있다.

30일 전이니까 12월 2일까지 의결해야 되는데, 헌법은 예산안 의결 시한을 명시하고 있지만 현실적으로 이 시한을 넘기는 경우가 종종 발생한다. 예산안은 다양한 이해관계가 첨예하게 대립하는 사안이기 때문에 여야 간의 치열한 논쟁과 협상이 불가피하고, 특히 국회에서 다수 의석을 차지한 당은 다른 법안의 통과 등을 위해 예산안 심의를 지연시키는 전략을 활용하기도 한다. 예산안이 단순한 재정 계획을 넘어 정치적 협상의 중요한 도구로 활용되기도 하는 것이다.

국회는 예산안을 심의하고 확정할 권한을 가지지만 그 권한행사에 일정한 제약이 따른다. 헌법 제57조는 "국회는 정부의 동의 없이 정부가 제출한 지출예산 각 항의 금액을 증가하거나 새 비목을 설치할 수 없다"고 규정하여 국회가 소극적 수정만 할 수 있게 하고 있다. 국회가 정부가 편성한 예산의 각 항목별 금액을 늘리거나, 정부가 예산안에 포함하지 않은 새로운 지출 항목을 추가할 수 없다는 의미다. 국회의원들이 자신의 지역구 사업 등을 위해 정부 예산을 늘리거나 새로운 사업 예산을 추가하는 것을 방지하기 위한 조항이다. 다만 예산 삭감은 정부의 동의 없이도 가능하다.

윤석열 대통령의 계엄 선포와 국회 예산안 심의·확정권

윤석열 대통령은 '야당에 의한 행정부 예산의 대폭 삭감'을 계엄선포의 요건인 헌법 제77조 제1항의 "전시·사변 또는 이에 준하는 국가비상사태"의 근거로 들고 있다. 야당이 행정부의 예산을 대폭 삭감했으며, 이로 인해 행정 기능이 마비될 정도의 국가비상사태가 발생했다는 주장이다.

국회의 예산안 심의·확정권은 헌법이 명시적으로 국회에 부여한 권한이다. 예산안을 심의하는 과정에서 정부 예산을 삭감하는 것은 국회가 합법적으로 행사할 수 있는 권한의 범위 내에 있다. 국회가 예산안 심의 과정에서 행정부 예산을 삭감했다면, 헌법이 부여한 권한을 행사한 것이다.

게다가 언론 보도에 따르면 윤 대통령이 계엄을 선포할 당시 행정부 예산안 삭감이 최종 확정된 상황이 아니라, 국회에서 예산안 심의가 진행 중인 단계였던 것으로 알려졌다. 국회가 헌법에 따라 부여받은 권한을 행사하는 과정을 국가비상사태의 근거로 삼아 계엄을 선포한 것은 계엄 선포의 요건에 크게 어긋나는 것이다. 헌재는 판결문에서 "정부에서 관련 자료를 제출하고 여당과 야당이 추가적으로 예산안을 심의함으로써 대응할 수 있는 상황을 두고 평상시의 헌법 질서에 따른 권력 행사 방법으로 대처할 수 없는 국가비상사태가 발생하였다고 평가할 수도 없다"라고 명확하게 지적했다.

헌법에서 정의하는 탄핵이란?

탄핵은 일반적인 사법 절차나 징계 절차로는 책임을 묻기 어려운 대통령을 비롯한 특정 고위 공직자의 중대한 비행에 대해 법적인 책임을 물어 파면시키는 제도이다. 헌법 제65조는 탄핵의 대상과 요건을 명확하게 규정하고 있다.

> 헌법 제65조 ① 대통령 · 국무총리 · 국무위원 · 행정각부의 장 · 헌법재판소 재판관 · 법관 · 중앙선거

관리위원회 위원·감사원장·감사위원 기타 법률이 정한 공무원이 그 직무집행에 있어서 헌법이나 법률을 위배한 때에는 국회는 탄핵의 소추를 의결할 수 있다.

②제1항의 탄핵소추는 국회재적의원 3분의 1 이상의 발의가 있어야 하며, 그 의결은 국회재적의원 과반수의 찬성이 있어야 한다. 다만, 대통령에 대한 탄핵소추는 국회재적의원 과반수의 발의와 국회재적의원 3분의 2 이상의 찬성이 있어야 한다.

③탄핵소추의 의결을 받은 자는 탄핵심판이 있을 때까지 그 권한행사가 정지된다.

④탄핵결정은 공직으로부터 파면함에 그친다. 그러나, 이에 의하여 민사상이나 형사상의 책임이 면제되지는 아니한다.

탄핵 대상은 헌법 제65조 제1항에 따라 대통령, 국무총리, 국무위원, 행정각부의 장, 헌법재판소 재판관, 법관, 중앙선거관리위원회 위원, 감사원장, 감사위원, 그리고 법률이 정한 기타 공무원이다. "기타 법률이 정한 공무원"에는 검찰청법에 따른 검사와 방송통신위원회법에 따른 방송통신위원회 위원장 등이 포함된다.

검찰청법 제37조는 "검사는 탄핵 또는 금고 이상의 형을 받거나 징계처분에 의하지 아니하면 파면·정직·감봉의 처분을 받지 아니한다"라고 하여 검사의 신분보장 규정을 두면서도, 탄핵을 파면 사유 중 하나로 명시하고 있다. 검사 역시 직무 수행에 있어 헌법이나 법률을 위반했을 경우 탄핵 대상이 될 수 있다는 뜻이다.

탄핵 사유는 고위공직자가 "그 직무집행에 있어서 헌법이나 법률을 위배한 때"이다. 단순한 직무상의 과실이나 능력 부족이 아니라 헌법 정신을 훼손하거나 법률을 명백히 위반하는 중대한 비위를 의미한다.

탄핵소추 발의 및 의결 요건

탄핵소추는 국회의 권한이며, 절차 또한 엄격하게 규정되어 있다.

- 발의: 국회 재적의원 3분의 1 이상의 발의가 있어야 탄

핵소추안이 국회에 제출될 수 있다.

- 의결: 탄핵소추안은 국회 재적의원 과반수의 찬성으로 의결된다.

다만, 대통령에 대한 탄핵소추는 더욱 엄격한 요건을 적용하여 국회 재적의원 과반수의 발의와 국회 재적의원 3분의 2 이상의 찬성이 있어야 한다.

탄핵소추 의결의 효력

탄핵소추가 국회에서 의결되면, 해당 공직자는 탄핵심판이 있을 때까지 그 권한행사가 정지된다. 탄핵심판 과정에서 직무 수행으로 발생할 수 있는 혼란을 방지하기 위한 조치이다.

탄핵 결정의 효력

헌법재판소의 탄핵심판 결과, 탄핵이 결정되면 해당 공직자는 공직에서 파면된다. 하지만 탄핵 결정은 공직에서 물러나게 하는 것에 그치며 해당 공직자의 민사상 또는 형사상의 책임이 면제되는 것은 아니다. 탄핵 결정 이후에도 별도의 법적 절차를 통해 그 비위에 대한 책임을 물을 수 있다.

대한민국 헌법은 어떤 상황에서
탄핵을 진행하게 되는가?

탄핵 제도는 일반적인 사법 절차나 징계 절차로는 책임을 묻기 어려운 특정 고위 공직자들의 비위를 다루기 위해 마련되었다. 특히 대통령과 같이 임기 중 형사 소추가 어렵거나, 판사나 검사처럼 신분이 두텁게 보장되어 일반적인 징계로는 파면이 쉽지 않은 공직자들에게 법적인 책임을 물어 파면까지 가능하게 하는 제도이다.

헌법 제65조 제1항은 탄핵의 대상을 구체적으로 명시한다.

- 행정부 고위 공직자: 대통령, 국무총리, 국무위원, 행정
  각부의 장
- 사법부 구성원: 헌법재판소 재판관, 법관
- 헌법상 독립 기관 구성원: 중앙선거관리위원회 위원,
  감사원장, 감사위원

- 기타 법률이 정한 공무원: 검사(검찰청법), 방송통신위원
  회 위원장(방송통신위원회법) 등

국가의 중요한 직무를 수행하며 높은 수준의 책임과 윤리성이 요구되는 자리들이다. 탄핵 제도는 이들이 직무를 수행하면서 헌법이나 법률을 위반하는 중대한 잘못을 저질렀을 때 법적인 책임을 물어 파면할 수 있도록 하는 제도적 장치이다.

탄핵 절차의 시작: 탄핵 사유

탄핵 절차가 개시되기 위한 첫 번째 단계로 탄핵 사유가 발생하여야 한다. 헌법 제65조 제1항은 탄핵 사유를 "그 직무 집행에 있어서 헌법이나 법률을 위배한 때"로 규정하고 있다. 헌법이나 법률을 위배한 때를 탄핵 사유로 한다는 것은 법적 책임을 묻는 제도라는 뜻이다. 우리의 탄핵 제도는 정치적 책임을 묻는 제도가 아니다. 개인적인 비리나 도덕적 문제, 혹은 정치적 공세나 인기 영합적인 수단으로 쓰이기 어렵게 하고, 명확한 법적 근거와 절차에 따라 진행되며 탄핵 대상자의 직무상 행위가 헌법이나 법률을 중대하게 위

반했음을 입증해야 한다.

미국 헌법은 탄핵 사유를 "반역죄, 뇌물수수죄, 기타 중 범죄 및 각종 비리행위(Treason, Bribery, or other high Crimes and Misdemeanors)"라고 규정하고 있다. 여기서 주목할 점은 "각종 비리행위(Misdemeanors)"라는 포괄적인 표현이다. 미 국의 탄핵 제도는 법적인 책임만 아니라 정치적인 책임까 지도 물을 수 있는 여지를 남겨두고 있다. 법률 위반에 해 당하지 않더라도, 대통령 등의 행위가 국가의 이익에 심각 한 해를 끼치거나 국민적 신임을 저버렸다고 판단될 경우 탄핵 사유가 될 수 있다.

탄핵 절차의 진행

탄핵은 크게 탄핵소추와 탄핵심판이라는 두 개의 절차로 구성된다. 일반적인 형사 재판에서 검찰의 기소와 법원의 재판에 해당하는 과정이라고 이해할 수 있다. 탄핵소추는 기소, 사법기관이 탄핵 사유가 존재하는지에 대해서 심리 하는 것이 탄핵심판이다.

- 탄핵소추: 한국 헌법은 국회에 탄핵소추권을 부여한다.

미국의 하원과 마찬가지로 국회는 국민의 대표 기관으로, 탄핵 사유가 있다고 판단될 경우 탄핵소추를 의결하는 역할을 한다.

- 탄핵심판: 한국 헌법은 탄핵심판권을 헌법재판소에 부여한다. 헌법재판소는 헌법 해석과 관련된 특별 재판을 담당하는 사법기관이다. 탄핵심판은 헌법 제65조에 따라 진행되는 재판의 성격을 가지므로 헌법재판에 속한다. 헌법 제111조 제1항에 따라 헌법재판소가 다섯 가지 권한을 가지는데 그중의 하나로 탄핵심판권을 헌법재판소에 부여하고 있다. 한국의 탄핵 제도는 정치적 책임보다는 법적 책임을 묻는 데 더 집중하고 있음을 시사한다.

한국 헌법은 탄핵소추권을 국회에, 탄핵심판권을 헌법재판소에 각각 부여한다. 국회가 탄핵 사유를 제기하고, 헌법재판소가 법률 전문가의 입장에서 그 정당성을 판단하는 구조이다.

탄핵소추권과 탄핵심판권을 어느 기관이 행사하는지는 각 나라의 헌법에 따라 다르게 규정될 수 있다. 양원제 국가인 미국의 경우 탄핵 제도는 법적 책임뿐만 아니라 정치적 책임을 묻는 성격을 강하게 가지고 있기 때문에, 사법기관이 탄핵심판권을 행사하는 게 아니라 정치 기관인 연방 하원이 탄핵소추권을 가지고 역시 정치 기관인 연방 상원이 탄핵심판권을 행사한다.

- 탄핵소추: 연방 하원이 탄핵소추권을 행사한다. 하원은 국민의 대표 기관으로서, 탄핵 사유가 있다고 판단될 경우 탄핵소추를 의결한다.

- 탄핵심판: 연방 상원이 탄핵심판권을 행사한다. 상원은 각 주를 대표하는 기관으로서, 탄핵소추를 받은 공직자에 대해 최종적인 책임을 묻는다. 연방 대법원과 같은 사법기관이 아닌 정치 기관인 상원이 탄핵심판을 담당한다는 것은 미국의 탄핵 제도가 정치적 함의를 내포하고 있음을 보여준다.

흥미로운 점은 대통령에 대한 탄핵심판이 진행될 경우 상원의장이 아닌 연방 대법원장이 심판을 주재한다는 것이다. 미국 상원은 각 주에서 선거를 통해 2명씩 상원 의원을 뽑고 부통령이 상원 의장을 맡지만, 대통령 탄핵심판에서는 연방 대법원장이 상원에 와서 탄핵심판을 주재하게 한다. 부통령이 심판을 주재할 경우 발생할 수 있는 이해 충돌 문제를 방지하기 위한 제도적 장치이다.

윤석열 정부에서 국회 입법 권력과 대통령 권력의 충돌

윤석열 대통령은 계엄 선포 이유의 하나로 국회(특히 야당)의 탄핵소추 남발을 들었다. 탄핵소추는 실제로 남발되었을까? 윤석열 정부 이전에도 국회는 대통령을 포함한 고위 공직자에 대해 탄핵소추를 의결한 사례가 있다. 대통령에 대한 탄핵과 판사 한 명에 대한 탄핵이다.

2004년 노무현 대통령은 국회 탄핵소추가 가결되었으나 헌법재판소에서 기각결정되었다. 2016년 박근혜 대통령은 국회의 탄핵소추가 가결되었고 헌법재판소에서 인용결정되어 파면되었다. 2021년 임성근 판사는 국회 탄핵소추가 가결되었으나, 헌법재판소 심판 중 피청구인 퇴직으로 각하 결정되었다.

임성근 판사는 서울중앙지법의 형사수석판사로, 사법 농단과 관련이 있었다. 판사들에게 특정 판결문에 특정 내용을 담도록 압력을 행사했다. 사법권 독립 규정을 침해해서 위헌적인 행위를 했다는 이유로 탄핵소추가 됐다. 법관은 헌법에 의한 임기가 10년이므로 10년마다 재임용을 하는데, 임 판사는 탄핵소추가 되고 나서 직후에 마침 재임용 심사 시점이 돌아왔을 때 재임용 신청을 하지 않았다. 더는 판사가 아니게 된 것이다. 헌재가 탄핵심판을 내릴 때는 판사직에 있던 사람을 파면하는 것인데, 재임용 신청을 하지 않아 이미 판사가 아니게 된 것이다. 따라서 파면하게 할 판사직을 갖고 있지 않다는 이유로 각하를 하는 사건이 있었다.

윤석열 정부 들어서는 대통령에 대한 탄핵 시도 외에도, 장관, 검사, 방송통신위원장 등 다양한 고위 공직자에 대한 탄핵소추가 국회에서 가결되었다. 2023년 이상민 행정안전부 장관에 대해 국회 탄핵소추가 가결되었으나 헌법재판소에서 기각결정되었다. 2023년 안동완 검사에 대한 국회 탄핵소추 역시 가결되었으나 헌법재판소에서 기각결정되었다. 2023년 이정섭 검사에 대한 국회 탄핵소추가 가결되었으나 헌법재판소에서 대부분 '직무상 행위'가 아니라는 이유로 기각결정되었다. 2023년 손준성 검사에 대한 국회 탄핵소추는 가결되어 헌법재판소가 심리 중이었는데 탄핵심판과 동일한 사유로 형사소송이 진행되게 되자 헌법재판소가 헌법재판소법 제51조에 의해 탄핵심판절차를 정지했으며, 2024년 이진숙 방송통신위원장에 대한 국회 탄핵소추가 가결되었으나 헌법재판소에서 기각되었다.

이처럼 윤석열 정부에서 국회의 탄핵소추가 빈번하게 이루어지는 것에 대해, 윤 대통령은 야당의 탄핵소추 남발이라고 하며 이를 계엄 선포의 요건인 "전시·사변 또는 이에 준하는 국가비상사태"라고 주장했다. 윤석열 대통령은 야당의 탄핵소추가 남발되었다고 주장하지만, 국회는 헌법이 부여한 권한을 행사한 것이다. 특히 현재 국회는 여소야대 구도로, 야당이 다수 의석을 차지하고 있어 행정부에 대한 견제 수단으로서 탄핵소추권을 적극적으로 활용하는 경향이 있다. 국회의 탄핵소추권 행사가 잦아지는 것에 대한 평가는 분분하다. 일각에서는 국회가 헌법적 권한을 정당하게 행사하는 것이라고 보는 반면, 다른 일각에서는 정치적 갈등을 심화시키고 국정 운영의 불안정을 초래할 수 있다고 우려한다. 견제 장치가 있다고 해서 그렇게 자주 탄핵소추를 하면 되느냐는 이야기인데, 여소야대 의석 분포를 가진 국회를 만들어준 것도 국민이다. 헌재는 결정문에서 이렇게 일갈했다.

> "피청구인의 국정 운영에 상당한 지장이 초래되었다고 하더라도, 이는 대통령제를 채택하고 있는 우리나라에서 이른바 여소야대 정국이 형성되는 경우 국회에서 다수의 지위를 점하고 있는 야당이 헌법 및 법률에 따라 국회에 부여된 정부에 대한 견제권을 최대한 행사함으로써 발생할 수 있는 상황이므로, 이를 국가긴급권의 발동이 요청되는 국가비상사태라고 볼 수는 없다."

국회의 탄핵소추권은 행정부에 대한 견제 수단으로, 특

히 대통령을 포함한 고위 공직자의 위법 행위에 대해 책임을 묻고 권력 남용을 방지하는 역할을 한다. 탄핵소추는 국회가 가진 헌법적 권한이며, 이를 통해 행정부의 권력 남용을 통제한다.

탄핵소추 의결정족수는 대통령의 경우 국회 재적 의원 3분의 2 이상의 찬성이 필요하며, 그 외 고위 공직자는 재적 의원 과반수의 찬성으로 가능하다. 대통령 탄핵의 경우 매우 높은 문턱을 설정한 것은 대통령에게 국민이 부여한 권한을 존중하고 정치적 불안정을 최소화하기 위한 헌법적 고려다. 실제로 국회 의석 분포를 고려할 때, 대통령 탄핵소추안이 가결되기 위해서는 여당 내에서 상당한 이탈 표가 발생해야 한다.

탄핵소추권 자체도 남용이라고 볼 수 없지만, 탄핵소추를 국가비상사태라고 부르며 계엄 선포를 하는 것도 위법이다. 헌재는 결정문에서 이렇게 판시했다.

"헌법재판소는 국회의 탄핵심판청구가 부적법하거나 탄핵 사유가 인정되지 않는 경우 그 청구를 각하

하거나 기각할 수 있으므로, 국회의 탄핵소추 의결
이 평상시의 헌법 질서에 따른 권력 행사 방법으로
대처할 수 없는 국가비상사태를 발생시킨다고 볼
수도 없다."

대통령에 대한 탄핵소추

대한민국 헌정사에서 대통령에 대한 탄핵소추가 과거 두 차례 있었으며, 헌법재판소는 이 사건들을 통해 대통령 탄핵의 기준을 확립했다. 노무현 대통령 탄핵 기각결정(2004년)과 박근혜 대통령 탄핵 인용결정(2017년)을 통해 헌법재판소는 대통령을 파면할 수 있는 위헌·위법 행위의 '중대성' 요건을 명확히 했다.

헌법재판소는 국민의 직접 선거로 선출된 대통령을 탄핵으로 파면하기 위해서는 단순히 헌법이나 법률을 위반한 사실만으로는 부족하며, 그 위반 행위가 중대하게 이루어저야 한다고 판시했다. 그리고 그 '중대성'이 인정되는 경우로, 첫째, 대통령직을 유지하는 것이 더 이상 헌법수호의 관점에서 용납될 수 없거나, 둘째, 대통령이 국민의 신임을 배반하여 국정을 담당할 자격을 상실한 경우를 들었다.

대통령직 유지가 헌법 수호 관점에서 더 이상 용납될 수 없는 경우란, 대통령 파면 결정을 통해 헌법을 수호하고 손상된 헌법 질서를 다시 회복하는 것이 요청될 정도로 대통령의 위헌·위법 행위가 헌법 수호의 관점에서 중대한 의미를 가지는 경우를 말한다. 대통령이 국민의 신임을 배신하여 국정을 담당할 자격을 상실한 경우란, 국민이 선거를 통하여 대통령에게 부여한 '민주적 정당성'을 임기 중 다시 박탈해야 할 정도로 국민의 신임을 저버리는 행위를 하여 더 이상 국민의 대표자로서의 정당성을 상실한 경우를 말한다.

노무현 대통령 탄핵 기각결정

(헌재 2004. 5. 14. 2004헌나1)

법률 위반: 공직선거법 위반(공직선거법 제9조)

기자회견에서 특정 정당(열린우리당)에 대한 지지 발언을 하여 공무원의 선거 중립 의무를 규정한 공직선거법 제9조를 위반했다는 혐의다. 당시 노무현 대통령은 국회의원 선거를 앞두고 새로 창당된 열린우리당에 대한 지지를 호소하는 발언을 했다. 이에 대해 야당이었던 한나라당은 대통령의 발언이 선거에 영향을 미치려는 행위이며, 공무원으로서 중립을 지켜야 할 의무를 위반한 것이라고 주장했다.

중앙선거관리위원회는 진정 신청을 받아 대통령의 발언이 공직선거법 위반에 해당한다고 판단하여 대통령에게 경고 처분을 내렸다. 앞으로는 발언에 신중을 기해달라는 경고였다. 공직선거법 제9조는 선언적 조항으로 처벌 조항도 없는 조항이다.

헌법 위반: 헌법 수호 의무 위반(헌법 제66조 제2항)

중앙선거관리위원회의 경고 결정에 대해 노무현 대통령은 청와대 홍보수석을 통해 유감을 표명하며 현행 선거법을 '관권선거 시대의 유물'로 폄하하였고, 이는 헌법 제66조 제2항에 규정된 대통령의 헌법 수호 의무를 위반한 것이라는 혐의다. 헌법 수호 의무에는 헌법기관인 중앙선거관리위원회의 결정을 존중해야 할 의무도 포함된다는 주장이었다.

발언의 내용은 '대통령도 공무원이기 이전에 정치인인데 그 정도 정치적 표현의 자유도 없느냐'는 것이었다. 중앙선거관리위원회도 헌법기관이고, 헌법 수호 의무 안에는 타 헌법기관 존중 의무도 포함이 되는데 대통령이 선관위라는 타 헌법기관의 경고 결정을 비난하고 폄훼하는 발언으로 헌법 수호 의무를 위반했다는 것이었다.

헌법 위반: 국민투표부의권 위헌 행사(헌법 제72조)

노무현 대통령이 자신의 재신임 여부를 국민투표 형태로 묻고자 한 것은 헌법 제72조에 규정된 대통령의 국민투표부의권을 위헌적으로 행사한 것이라는 혐의다. 헌법 제72조는 외교, 국방, 통일 등 국가안위에 관한 중요정책에 대해 대통령이 국민투표에 부의할 수 있도록 규정하고 있는데, 대통령 신임 문제는 중요정책에 해당하지 않는다는 주장이었다.

현행헌법에서 국민투표를 할 수 있는 것은 두 가지 경우이다. 헌법 제72조에 의해서 중요 정책에 대한 국민투표가 있고, 헌법 제130조에 의해 헌법개정안의 찬반 여부에 대한 국민투표가 있다. 당시 노 대통령은 자신의 신임 여부를 묻는 국민투표를 부의하려 했다. 그러나 헌법 제72조는 정책 투표이므로 국민투표로 신임 투표를 하려 한 것은 헌법 위반이자 헌법 수호 의무 위반이라는 것이었다.

헌법재판소는 노무현 대통령의 위와 같은 헌법 및 법률 위반 사실을 일부 인정했지만, 이러한 위반 행위들이 대통령직을 유지하는 것이 헌법 수호 관점에서 더 이상 용납될 수 없을 정도로 중대하거나, 대통령이 국민의 신임을 배반하여 국정을 담당할 자격을 상실했다고 볼 수 없다고 판단하여 탄핵소추를 기각했다.

공직선거법 위반의 경우 처벌 조항이 없는 선언적인 규정

위반이었고, 헌법 수호 의무 위반 역시 추상적인 내용이었다. 위헌·위법 행위가 있었다 하더라도 대통령직을 박탈할 만큼 중대한 위반에는 해당하지 않는다고 판단한 것이다.

헌법재판소에 소추 의결서가 수리되고 나서 기각결정이 내려질 때까지 63일밖에 걸리지 않았다. 여론도 압도적으로 대통령 탄핵 반대 여론이 높았다.

박근혜 대통령 탄핵 인용결정

(헌재 2017. 3. 10. 2016헌나1)

헌법 위반: 공익 실현 의무 위반(헌법 제7조 제1항)

헌법 제7조 제1항은 "공무원은 국민전체에 대한 봉사자"라고 규정하여 공무원의 공익 실현의무를 천명하고 있다. 박근혜 대통령은 최서원(최순실)이 추천한 인사를 다수 공직에 임명하고, 최서원이 실질적으로 운영하는 미르 재단과 케이스포츠에 대기업의 거액 출연을 요구하는 등, 국민 전체의 봉사자로서 공익을 실현해야 할 의무를 위반하고 대통령의 권한을 사적인 관계에 있는 최서원의 이익을 위해 남용했다. 대통령인 공무원이 대통령으로서의 지위와 권한을 남용해서 공익보다도 최서원이라는 사인의 사익 추구를 우선시했다는 것이다.

헌법 위반: 재산권 및 기업경영의 자유 침해

박근혜 대통령은 미르재단과 케이스포츠에 대기업의 거액 출연을 요구하는 과정에서, 해당 기업들의 헌법상 재산권과 기업경영의 자유를 침해했다. 대통령의 지위를 이용하여 기업들에게 사실상 강압적인 방식으로 자금 출연을 요구한 것은 기업의 자율적인 의사 결정권을 침해하는 행위로 판단되었다.

법률 위반: 비밀엄수의무 위반(국가공무원법 제60조)

박근혜 대통령은 최서원에게 국무회의 자료 등 다수의 공무상 문건을 유출했다. 공무원이 직무상 알게 된 비밀을 누설하지 않도록 규정한 국가공무원법 제60조를 위반한 행위이다. 대통령이 국가 기밀에 해당하는 문서를 사적인 인물에게 유출한 것은 국정 운영의 투명성과 보안성을 심각하게 훼손하는 행위로 간주되었다.

헌법재판소는 다음 내용으로 박근혜 대통령의 위헌·위법 행위가 대통령직을 유지하는 것이 헌법 수호 관점에서 더 이상 용납될 수 없을 정도로 중대하다고, 국민의 신임을 배반하여 국정을 담당할 자격을 상실한 경우에 해당한다고 판단하여 탄핵을 인용했다.

- 권한 남용의 적극성 및 반복성: 박근혜 대통령은 국민으로부터 위임받은 권한을 사적인 용도로 남용하여 적극적이고 반복적으로 최서원의 사익 추구를 도와주었다. 이 과정에서 대통령의 지위와 국가기관 및 조직을 동원했다는 점에서 그 위법성의 정도가 매우 중하다.
- 국정 개입 의혹 부인 및 은폐 시도: 국회와 언론에서 최서원의 국정 개입 의혹이 지속적으로 제기되었음에도 박근혜 대통령은 이를 부인하며 의혹 제기 행위 자체를 비난했다. 이는 자신의 잘못을 인정하고 시정하려는

의지를 보이지 않은 것으로 판단되었으며, 헌법상의 공익 실현 의무를 중대하게 위반한 것으로 보았다.

- 수사 거부 및 헌법 수호 의지 부재: 박근혜 대통령은 탄핵 정국 후반기에 대국민 사과를 통해 검찰과 특검 수사에 협조하겠다고 약속했으나, 이후 수사를 거부하는 태도를 보였다. 헌법재판소는 이러한 행위를 통해 박근혜 대통령에게 헌법을 수호하려는 의지가 없다고 판단했다.

윤석열 대통령 탄핵 인용결정

(헌재 2025. 4. 4. 2024헌나8)

헌법·법률 위반: 계엄선포 행위(헌법 제5조 제2항, 제7조 제2항, 제74조, 제77조 제1항, 제4항, 제82조, 제89조 제5호, 계엄법 제2조 제2항, 제5항, 제6항, 제3조, 제4조, 제5조 제1항, 제11조 제1항 등)

실체적 요건과 관련해서 보면, 대통령이 계엄을 선포할 수 있는 상황적 요건은 "전시·사변 또는 이에 준하는 국가 비상사태"로 엄격하게 제한된다. 윤석열 대통령은 국회의 탄핵소추 남발, 일방적인 입법권 행사, 예산안 심의 과정에서의 갈등을 계엄 선포의 근거로 제시했지만, 이는 헌법이 규정한 비상사태에 해당한다고 보기 어렵다. 계엄법은 계엄 선포 요건을 헌법보다 구체적으로 규정하여 "전시·사변 또는 이에 준하는 국가비상 사태 하에서 행정부 또는 사법부 기능 수행이 현저히 곤란할 때"로 제한한다. 계엄 선포 당시 상황은 이에 해당하지도 않았다.

절차적 요건과 관련해서 보면, 대통령이 계엄을 선포했을 경우 지체 없이 국회에 통고하도록 헌법에 규정되어 있지만, 윤 대통령은 국회 통고 절차를 밟지 않았다. 헌법은 "계엄과 그 해제"에 대해 국무회의의 사전심의를 거치도록 규정하고 있다. 윤 대통령은 계엄 선포 전에 형식적인 국무회의를 거쳤지만, 계엄선포에 관한 제대로 된 심의가 없었다. 또한 국무총리와 관계 국무위원이 비상계엄 선포문에 부서하지 않았다. 계엄법에 의할 경우, 비상계엄의 시행 일시, 시행 지역 및 계엄사령관을 공고해야 하는데 공고하지 않았고, 국회가 계엄 해제 요구안을 의결하면 대통령은 지체 없이 계엄을 해제해야 하지만 윤 대통령은 국회의 계엄 해제 요구안 의결 후 상당 시간이 지난 후에야 계엄을 해제하여 계엄법을 위반했다.

헌법·법률 위반: 국회에 대한 군경 투입(제1조, 제5조 제2항, 제7조, 제8조, 제41조 제1항, 제49조, 제66조, 제74조 제1항, 제77조 제5항, 계엄법 제9조 제1항 등)

군경을 국회에 투입하여 국회의원의 국회 출입을 통제하고 이들을 끌어내라고 지시함으로써 국회의 권한행사를 방해하여 국회에 계엄 해제 요구권을 부여한 헌법 조항을 위반하였고, 국회의원의 심의·표결권, 불체포특권도 침해하였다. 또한 각 정당의 대표 등에 대한 위치 확인 시도에 관여함으로써 정당 활동의 자유를 침해하였다. 국회의 권한행사를 막는 등 정치적 목적으로 국회에 병력을 투입함으로써 국군의 정치적 중립성을 침해하고 헌법에 따른 대통령의 국군통수 의무를 위반하였다.

계엄군 투입이 국회의 권한행사를 불가능하게 할 목적으로 이루어진 폭동에 해당하여 형법상 내란죄를 구성할 수 있다. 다만 국회 측 탄핵소추위원의 판단으로 형법상의 내란죄 성립 여부는 본 헌법재판에서 다뤄지지 않았다.

헌법, 법률 위반: 포고령 발령(헌법 제5조 제2항, 제7조 제2항, 제8조, 제12조, 제14조, 제15조, 제21조, 제33조, 제41조, 제44조, 제49조, 제74조, 제77조 제3항과 제5항, 계엄법 제9조 제1항 등)

헌법은 비상계엄하에서 "정부나 법원의 권한에 관하여 특별한 조치를 할 수 있다"고 규정하고 있다. 그러나 포고령 제1호는 "국회와 지방의회, 정당의 활동과 정치적 결사, 집회, 시위 등 일체의 정치활동을 금한다"고 하여 국회, 지방의회, 정당의 정치 활동까지 금지하여 헌법이 명시적으로 제한하지 않은 영역까지 과도하게 침해했다. 특히 국회는 계엄 해제 요구권을 가지는 중요한 기관이므로 정치 활동 금지는 계엄 해제 요구권을 부여한 헌법 조항, 정당제도를 규정한 헌법 조항과 대의민주주의, 권력분립 원칙 등을 위반하였다.

또한 비상계엄하에서 기본권을 제한하기 위한 요건을 정한 헌법 및 계엄법 조항, 영장주의를 위반하여 국민의 정치적 기본권, 단체행동권, 직업의 자유 등을 침해하였다.

헌법, 법률 위반: 중앙선거관리위원회 등에 대한 압수 수색(헌법 제12조 제3항, 제16조, 제77조 제3항, 제114조, 계엄법 제9조 제1항 등)

선거관리위원회는 정부나 법원에 속하지 않는 독립된 헌법기관이다. 계엄군을 투입하여 선거관리위원회의 활동을 방해한 것은 헌법이 보장한 독립된 헌법기관의 권한을 침해한 것이다. 윤 대통령은 국방부 장관에게 병력을 동원하여 선관위의 전산 시스템을 점검하라고 지시하였고, 이에 따라 중앙선관위 청사에 계엄군을 투입하여 출입 통제를 하면서 당직자들의 휴대전화를 압수하고 전산 시스템을 촬영하였다. 이것은 영장 없이 압수수색을 하도록 하여 헌법상의 영장주의를 위반한 것이고 선관위의 독립성을 침해한 것이다.

헌법 위반: 법조인 체포 지시(헌법 제101조, 제103조, 제105조, 제106조 제1항 등)

필요시 체포할 목적으로 행해진 위치 확인 시도에도 관여하였는데, 그 대상에는 퇴임한 지 얼마 되지 않은 전 대법원장 및 전 대법관도 포함되었다. 이것은 현직 법관들로 하여금 언제든지 행정부에 의한 체포 대상이 될 수 있다는 압력을 받게 하기 때문에 사법권의 독립을 침해한다.

헌법재판소는 다음 두 가지를 들어 윤석열 대통령의 위헌·위법 행위가 탄핵에 이를 정도로 중대하며 국민의 신임을 배신했다고 판단했다.

- 국회와의 대립 상황을 타개할 목적으로 군경을 투입시켜 국회의 헌법상 권한행사를 방해함으로써 국민주권주의 및 민주주의를 부정하고, 둘째, 병력을 투입시켜 중앙선관위를 압수·수색하도록 하는 등 헌법이 정한 통치구조를 무시했으며, 셋째, 이 사건 포고령을 발령함으로써 국민의 기본권을 광범위하게 침해하여 법치국가 원리와 민주국가 원리의 기본 원칙들을 위반하고, 이를 통해 헌법 질서를 침해하고 민주공화정의 안정성에 심각한 위해를 끼쳤다. 넷째, 피청구인은 잠정적·일

시적 조치로 취해진 '경고성 계엄' 또는 '호소형 계엄'이라고 주장하지만, 국회가 신속하게 비상계엄 해제 요구 결의를 할 수 있었던 것은 오히려 시민들의 저항과 군경의 소극적인 임무 수행 덕분이었다.

- 가장 신중히 행사되어야 할 권한인 국가긴급권을 헌법에서 정한 한계를 벗어나 행사하여 대통령으로서의 권한행사에 대한 불신을 초래하였고, 둘째, 대통령과 국회 사이에 발생한 대립은 민주주의 원리에 따라 해소되어야 할 정치의 문제임에도 불구하고 국회를 협치의 대상으로 존중하지 않고 제재의 대상으로 삼았으며, 대통령 취임 약 2년 후에 치러진 국회의원 선거에서 대통령이 국정을 주도하도록 국민을 설득할 기회가 있었음에도 불구하고 이러한 노력은 하지 않고 국회의원 선거의 결과가 피청구인의 의도에 부합하지 않는다며 야당을 지지한 국민의 의사를 배제하려 하였다.

결국 피청구인의 위헌·위법행위는 국민의 신임을 배반한 것으로 헌법 수호의 관점에서 용납될 수 없는 중대한 법 위반 행위에 해당한다. 또한 피청구인을 파면함으로써 얻는 헌법 수호의 이익이 대통령 파면에 따르는 국가적 손실을 압도할 정도로 크다.

계엄 선포 행위의 위헌·위법성, 계엄 포고령의 위헌·위법성, 국회 침탈 행위 및 독립된 헌법기관인 선거관리위원회에 대한 침탈은 여러 헌법 원칙을 심각하게 훼손한 행위이고, 법조인의 위치 확인 시도도 사법권 독립을 침해한 위헌적 행위이다. 그리고 이러한 윤석열 대통령의 위헌·위법행위는 국민의 신임을 배반한 것으로 헌법 수호의 관점에서 용납될 수 없는 중대한 법 위반행위에 해당한다. 이런 이유로 헌법재판소는 만장일치로 윤석열 대통령의 탄핵 인용, 즉 파면을 결정했다.

이후의 대한민국과 헌법

헌법재판소에서 대통령 탄핵을 결정해 대통령이 파면되었고, 대통령이 자리를 비우게 되는 상황(궐위)이 발생했다. 대통령 궐위는 대통령이 사망하거나 탄핵으로 인해 더 이상 직을 수행할 수 없게 된 경우를 의미한다(아프거나 일시적으로 직무를 수행할 수 없는 때는 '사고'). 그리고 우리는 헌법 제68조 제2항에 따라 6월 3일 새로운 대통령을 선출하는 선거를 치르게 된다.

국회는 대통령을 포함한 고위 공직자에 대해 탄핵을 요구할 수 있는 권한인 탄핵소추권을 갖는다. 탄핵소추권은 행정부의 권력 남용을 방지하고 견제하는 중요한 제도적 장치이다. 탄핵소추가 이루어지면 해당 공직자는 헌법재판소의 최종 결정이 내려질 때까지 직무를 수행할 수 없게 된다. 과거 탄핵소추는 극히 예외적인 경우에만 행사되었으나, 불법 계엄 이후 친위 쿠데타의 특성상 행정부에서 내란을 적극적 또는 소극적으로 은폐하려는 시도가 지속되면서, 국회가 행정부를 견제하고 통제할 수 있는 강력한 수단으로 적극적으로 활용되고 있다.

우리 헌법 제1조 제2항은 "대한민국의 주권은 국민에게 있고, 모든 권력은 국민으로부터 나온다"고 규정한다. 민주 헌법의 기본 원리 중 하나인 '국민주권주의'를 천명한 조항이다. 따라서 국회의 권력이든, 헌법재판소의 권력이든, 대통령의 권력이든 원래는 주권자인 국민의 권력이었다. 이 권력을 국민들이 국회에게, 헌법재판소에, 또 대통령에게 위임을 해준 것이다. 따라서 국회, 헌법재판소, 대통령은 권력을 위임해준 주권자 국민의 명령에 따라 위임받은 권력을 대신 행사하는 대행자일 뿐이다.

탄핵소추권은 비록 국회에게 있지만, 탄핵소추권은 국민

이 국회로 하여금 주권자 국민의 목소리에 귀 기울이게 하는 헌법적 장치이다. 탄핵심판권도 헌법재판관들의 고유 권한이 아니다. 국민이 명령을 내리고 헌법재판관들은 이러한 국민의 명령을 받들어 국민이 위임해준 탄핵심판권을 대행할 뿐이다. 이런 의미에서 작년 12월 14일에 국회에서 윤석열 대통령에 대한 탄핵소추안을 통과시킨 것은 국회의원들이 아니라 그날 국회 주변의 도로를 가득 메우고 '윤석열을 탄핵하라'고 입을 모아 국민의 명령을 외친 국민들이다. 윤 대통령에 대해 파면 결정을 내린 것도 8명의 헌법재판관들이 아니라 이들에게 윤 대통령 파면을 명령한 다수의 국민들이다. 윤 대통령은 주권자 국민이 위임해준 대통령의 권력을 국민의 뜻에 거슬러 오·남용했기 때문에 헌재 결정문의 표현대로 '국민의 신임을 배반하여' 파면된 것이다. 이런 의미에서 나는 우리 헌법 제1조 제2항이 우리 헌법 조항들 중 가장 중요한 조항 중의 하나라고 생각한다. 또한 국민이 대한민국 헌법을 써내려 가는 통로가 되는 조항이라고 믿는다.

어떤 상황에서도 대한민국의 헌법은 반드시 지켜져야 한

다. 헌법은 국가의 근본 질서를 규정하고 국민의 권리를 보장하는 핵심 가치이기 때문이다. 헌법 질서가 제대로 지켜지지 않는 것은 대한민국이라는 나라 자체가 흔들리는 것과 마찬가지이다. 많은 법학자들이 국가와 헌법을 동일하게 여기는 이유이기도 하다.

힘든 길이지만 내란은 종식될 것이다. 내가, 당신이, 국민이 바라기 때문이다. 계엄 이후 광장으로 나온 시민들 머리 위에서 흔들리며 빛나던 형형색색의 응원봉을 기억한다. 울려 퍼지는 신나는 노래와 앳된 얼굴들을 보며 나는 법학자로서 큰 깨달음을 얻었다. 법학자, 거기다가 나처럼 헌법학자라면 으레 헌법을 최고 가치라고 말하곤 한다. 하지만 헌법보다 위에 있는 최고 가치가 하나 더 있다. 바로 국민이다. 그래서 나는 이번의 역사적 대사건을 '응원봉 혁명'이라 부르고 싶다.

새로운 대통령이 선출되면 위헌적이고 불법적인 계엄 선포로 훼손되었던 헌법 질서가 회복되고, 대한민국은 다시 한번 발전의 길로 나아갈 수 있을 것이다. 새 대통령에게 몇 가지 당부의 말씀을 드리고 싶다.

첫째, 헌법을 잘 지키시라 당부드린다. 현행헌법 제66조 제2항은 헌법 수호의 의무를 대통령의 의무 중 하나로 규정하고 있다. 현행헌법 제69조에 규정된 대통령 취임 선서도 "나는 헌법을 준수하고"라는 말로 시작한다. 국가를 대표하는 대통령으로서 헌법을 잘 지키는 것은 어쩌면 너무도 당연한 것이고, 기본 중의 기본에 해당하는 것이다. 그러나 21세기 들어서 벌써 2명의 대한민국 대통령들이 '헌법'을, 그것도 '중대하게' 위반한 이유로 헌재의 파면 결정을 받았다. 대통령 선거를 통해 대통령으로 뽑아준 국민의 신임을 배반하여 헌법을 지키지 않으면 언제든지 주권자 국민에 의해 파면될 수 있기에 헌법을 지키고 수호하는 것은 대통령의 첫 번째 의무임을 명심해야 한다. 그리고 헌법을 잘 지키기 위해서는 헌법을 잘 알아야 한다. 혹여 법조인 출신이 새 대통령이 되더라도 집권 초기에 헌법 공부를 제대로 다시 해보라고 권하고 싶다. 아마 과거 사법시험을 준비하면서 공부하던 때의 헌법과 지금의 헌법은 우선 헌법 판례의 양만 보더라도 엄청난 차이가 있다. 원한다면, 헌법 학자들 몇 명이 속성 헌법 과외에 나설 용의도 있다. 새 대

통령 자신이 법조인이라고 해서 헌법을 잘 안다고 자만해
선 안 된다. 윤 대통령도 법조인 출신이었다.

둘째, 개헌 논의는 새 대통령 선출 이후로 미루었으면 좋
겠다. 탄핵 정국이 어느 정도 무르익자 윤 대통령 파면 결
정이 나기도 전부터, 개헌에 관한 언급이 정치권과 그 주변
세력들 사이에서 솔솔 나오기 시작했다. 윤 대통령이 이렇
게 된 것이 '제왕적 대통령제'를 규정한 우리 헌법 때문이
란다. 헌법 연구자로서 결코 동의할 수 없다. 헌법이 내란을
일으키라고 했나. 내란은 윤 대통령과 일부 정치인들이 일
으켜놓고 왜 헌법에게 책임을 전가하는가. 오히려 헌법 제
77조가 비상계엄 선포를 위한 절차와 요건을 상세히 규정
하고 있었기 때문에, 헌법 제77조 등을 어긴 윤 대통령을
중대한 헌법 위반을 이유로 대통령직에서 파면할 수 있었
다. 물론 1987년에 개정되고 무려 38년간 한 번도 개정되
지 않은 현행헌법이 그 동안의 시대 변화를 담아내지 못해
헌법개정이 필요한 것은 맞다. 그러나 지금은 유린된 헌법
의 상처를 치유하고 내란 책임자들에 대해 국회가 조사하
고 수사기관이 수사하여 책임의 소재를 파악한 후 이들을

엄벌하여 12·3 비상계엄 선포와 같은 엄청난 국민 배신행위가 재발하지 않도록 재발 방지책 수립에 뜻을 모아야 할 때이다. 정치인들만 관심 있는 대통령제냐 의원내각제냐 혹은 대통령 5년 단임제냐 4년 중임제냐에 관한 논의는 지금 시작하면 제대로 된 내란 종식에 방해만 될 뿐이다. 오히려 이번 대선후보들이 대선공약으로, 대통령이 되면 1년이나 1년 반 정도 개헌과 관련한 국민들의 다양한 의견을 수렴하겠다고 천명하고, 새 대통령이 된 후 1년 동안 수렴된 국민들의 다양한 개헌 아이디어들을 모아 민주적인 방식으로 개헌안 초안을 만들어 이를 국민적 공론에 부치고, 이렇게 다듬어진 개헌안을 새 대통령이 대선에서 공약한 대로 집권 2년 차에 발의하는 식으로 개헌을 하면 어떨까? 실제로 아일랜드 등 여러 나라가 이런 식의 '국민이 주도하는 개헌'을 하고 있다. 이 개헌의 아이디어는 SNS를 통해서도 수렴이 됐으면 좋겠다. 이번 '응원봉 혁명'에서 미래의 대한민국을 주도할 젊은 세대들을 많이 목도하였고 이들의 민주적 역량을 신뢰하게 되었다. SNS를 통해 이런 미래세대들의 목소리가 개헌의 내용으로 더 많이 담겼으면 좋겠다.

셋째, 새 대통령은 헌법을 잘 지키는 것을 넘어 헌법 가치의 구현에도 힘써줬으면 좋겠다. 예를 들어 '평등'이라는 헌법적 가치만 하더라도, 사회적 약자나 소수자들에게 기회의 평등만을 의미하는 '형식적 평등'이 아니라 결과의 평등을 의미하는 '실질적 평등'이 보장될 수 있도록 대통령으로서의 역량을 발휘해주기를 기대한다.

비상계엄이 선포된 날 밤에 일말의 주저함도 없이 빛의 속도로 달려와 두려움을 참으며 군과 경찰을 막아서고, 살을 에는 추위 속 은박 보온 담요를 뒤집어쓰고 눈 내리는 차가운 아스팔트 바닥 위에서 버티며, 그 어떤 시간과 장소에서 대한민국과 대한민국 헌법을 지킨 국민. 위대한 주권자 국민들께 고개 숙여 감사드린다. 이런 국민들이 있었기에 윤석열 대통령에 의해 유린된 헌법이 다시 지켜질 수 있었고, 나를 포함해 전국에 400명 정도 있는 헌법 연구자들이 예전처럼 자유롭게 양심에 따라 헌법을 마음껏 연구할 수 있게 되었다. 고마운 존재, 국민. 바로 당신에게 다시 한번 고개 숙여 감사드린다.

3부

헌 법 은
당 신 이 다

헌법이 지키는 가치, 기본권에 대하여

기본권 이야기

기본권은 독일어 Grundrecht를 우리말로 옮긴 것으로, 'Grund'가 '기본', 'recht'가 '권리'라는 뜻이라서 직역하면 '기본권'이라는 뜻이다. 기본권은 헌법에서 국민에게 보장하는 기본적인 권리를 의미한다.

기본권과 유사한 개념으로 인권이 있는데, 인권은 '인간이기 때문에 당연히 갖는 권리'를 말한다. 마치 우리가 숨을 쉬고 밥을 먹는 것처럼, 인간이라면 누구나 태어날 때부터 자연스럽게 가지는 생래적이고 천부적인 권리이다. 이러한 인권 개념을 세계 최초로 헌법에 담아 선언한 것은 미국의 버지니아 권리장전과 프랑스의 인간과 시민의 권리 선언이다. 이 두 문서는 '모든 사람은 평등하고 자유롭게 살 권리가 있다'는 것을 전 세계에 알린 중요한 역사적 문서이다.

근대 이전에는 헌법이 문서화되지 않고 관습이나 관행으로 유지되었다. 중세 말, 교황의 권위가 약화되고 강력한 군주들이 등장하면서 절대왕정 시대가 열렸는데 절대 군주들은 부르주아 계층의 재산을 함부로 침해하고 종교적 자유를 억압했다. 부르주아 계층은 절대 군주의 횡포에 저항하며 시민혁명을 일으켰고, 시민혁명의 결과로 등장한 최초의 성문헌법에서 자유권이 기본권으로 보장되었다. 절대 군주로부터 개인의 재산, 신체, 종교의 자유를 보호하기 위한 부르주아 계층의 요구를 반영한 것이다.

자유권이 가장 오래된 기본권이라면, 역사가 가장 짧은 기본권이 현대 사회에 와서 복지국가 헌법에 나타나게 된 사회권이다. 사회권은 세계대전 이후 등장하게 된다. 세계대전으로 자본주의의 모순과 폐단이 드러났고, 사회적 불평등과 빈곤 문제가 심각해졌다. 이에 대한 반성으로 복지

국가 이념이 확산되고, 사회권이 기본권으로 보장되었다. 사회적 약자를 보호하고 인간다운 생활을 보장하기 위한 권리로, 국가의 적극적인 역할을 강조하며, 교육, 환경, 사회보장 등 다양한 영역에서 권리를 보장한다. 교육받을 권리, 환경권, 사회보장 수급권, 노동권 등이 있다.

  기본권과 인권은 비슷해 보이지만, 약간의 차이가 있다. 기본권 중에는 태어날 때부터 가지는 권리도 있지만 나라 안에서만 인정되는 권리도 있다. 예를 들어 투표할 권리는 그 나라 국민에게만 주어지는 권리이기 때문에 인권과는 조금 다르다고 할 수 있다.

  하지만 기본권은 인권이라는 큰 틀 안에서 인권을 실현하기 위한 구체적인 방법들을 제시하는 역할을 한다. 현대 헌법에서는 기본권의 범위가 더욱 넓어졌다. 과거에는 자유롭게 생각하고 말할 권리(자유권)가 중요했지만, 오늘날에는 인간답게 살 권리(사회권)도 중요하게 생각하게 되었다. 예를 들어 깨끗한 환경에서 살 권리, 아플 때 치료받을 권리, 교육받을 권리 등이 사회권에 포함된다. 이러한 사회권은 국가의 적극적인 노력이 필요하기 때문에 기본권에 포함되면서 인권의 개념도 더욱 넓어졌다. 따라서 오늘날에는 기본권과 인권을 거의 같은 의미로 사용하기도 한다.

현대에 이르러 인권 개념은 더욱 확장되어 사회권뿐만 아니라 연대권과 같은 새로운 권리들도 인권으로 인정받고 있다. 정보화 시대의 도래와 함께 개인정보보호, 인터넷 접근권 등 새로운 형태의 기본권에 대한 논의도 활발하게 이루어지고 있다. 과거 자유권은 인권의 성격이 강하고, 사회권은 국가가 법률로 보장해야 하는 실정권으로 여겼지만 현재에는 인권 개념이 확대되면서 사회권 또한 인간으로서 당연히 누려야 할 인권으로 인식되고 있다. 미래에는 연대권과 같은 제3세대 인권까지 포함하여 인권 개념이 기본권 개념보다 더 넓어질 것으로 보인다.

내 권리 사용 설명서

헌법 속 다섯 가지 기본권

기본권은 우리가 인간으로서 누려야 할 기본적인 권리를 말하며, 우리 헌법은 이러한 기본권을 다양한 기준으로 분류하고 있다. 그중에서도 기본권의 '내용'을 기준으로 분류했을 때, 크게 다섯 가지 유형으로 나눌 수 있다. 포괄적 기본권, 자유권, 참정권, 청구권, 사회권이다.

포괄적 기본권은 모든 기본권의 바탕이자 출발점으로, 인간다운 삶을 위한 기본적인 가치를 담고 있다. 자유권은 국가로부터의 자유를 의미한다. 개인의 자유로운 삶을 보장하며, 국가권력의 남용을 막는 역할을 한다. 참정권은 정치 참여의 권리로, 국민이 주인이 되어 국가를 운영할 수 있도록 보장하는 권리이다. 청구권은 국가에 요구하는 권리로, 국가에 대해 적극적으로 자신의 권리를 주장하고 보호받을 수 있도록 하는 권리이다. 사회권은 인간다운 생활의 권리로, 모든 국민이 인간다운 삶을 누릴 수 있도록 국가의 적극적인 노력을 요구하는 권리이다.

우리 헌법은 이 다섯 가지 유형의 기본권을 모두 규정하고 있으며, 이러한 규정을 통해 국민의 자유와 권리를 폭넓게 보장하고 있다.

포괄적 기본권

우리 헌법은 국민의 기본권을 제2장에서 자세히 다루고 있다. 포괄적 기본권은 헌법 제10조와 제11조에 명시된 인간으로서의 존엄과 가치, 행복추구권, 평등권을 의미한다. 이 권리들은 구체적인 내용을 정하기 어렵고, 사회 변화에 따라 그 의미가 계속해서 확장될 수 있다는 특징을 가지고 있다.

인간으로서의 존엄과 가치, 행복추구권 |헌법 제10조|

모든 국민은 인간으로서 존엄과 가치를 가지며, 행복을 추구할 권리를 가진다. 이는 단순히 물질적인 풍요뿐만 아니라, 정신적, 사회적 안녕까지 포함하는 폭넓은 개념이다. 시대와 사회가 변화하면서 '인간다운 삶'의 기준도 변화하기 때문에, 이 권리의 구체적인 내용은 계속해서 발전해나갈 수 있다.

평등권 |헌법 제11조|

모든 국민은 법 앞에 평등하며, 불합리한 차별을 받지 않을 권리를 가진다. 여기서 '불합리한 차별'이란 정당한 이유 없이 특정 집단을 차별하는 것을 의미한다. 과거에는 당연하게 여겨졌던 차별도 사회 변화에 따라 불합리한 것으로 인식될 수 있기 때문에, 평등권의 내용 또한 계속해서 확장될 수 있다.

열린 기본권의 가능성 |헌법 제37조 제1항|

우리 헌법은 제10조부터 제36조 제3항까지 다양한 기본권을 명시하고 있지만, 제37조 제1항에서는 "헌법에 열거되지 아니한 이유로 경시되지 아니한다"라고 규정하여, 헌법에 명시되지 않은 새로운 기본권의 가능성을 열어두고 있다. 이는 사회 변화에 따라 새롭게 등장하는 권리들을 헌법에 명시하지 않더라도 보호할 수 있도록 하기 위한 것이다. 헌법재판소나 헌법학자들은 이 조항을 근거로 새로운 기본권을 도출하고 해석하는 데 활용한다. 헌법의 개정이 어려운 상황에서도 새로운 인권의 개념이 나올 때에 대응할 수 있도록 하는 조항이다.

포괄적 기본권은 인간 존엄, 행복추구, 평등을 보장하는 핵심적인 권리로, 다른 모든 기본권의 근본이 되는 가치를 담고 있다. 사회 변화에 따라 그 내용이 계속해서 확장될 수 있다는 특징을 가지고 있어서 새로운 권리를 인정하고 보호하며 인간 존엄과 평등이라는 헌법 정신을 실현하는 데 핵심적인 역할을 한다.

자유권

자유권은 국가권력으로부터 개인의 자유로운 영역을 보호하는 권리이다. 쉽게 말해, 국가가 개인의 삶에 함부로 간섭하지 못하도록 하는 권리이다. 자유권은 근대 시민혁명 이후 헌법에 처음 등장했으며, 인권으로서의 성격이 가장 강한 기본권이다. 자유권의 가장 큰 특징은 '간섭 배제'이다. 이는 국가권력이나 다른 사람의 부당한 간섭 없이 개인이 자유롭게 자신의 삶을 살아갈 수 있도록 보장하는 것을 의미한다.

인권으로서의 특성이 강하기 때문에 인간으로 태어난 이상 생래적, 천부적 성격이 강한 권리이다. 인간으로 태어나는 순간 확정되지 않은 자유 영역을 가지고, 국가권력 등이 이 자유 영역에 간섭이 들어왔을 때 이 간섭을 물리치는 것이 '간섭 배제'이다. 예를 들어 종교의 자유에서 국가가 우리나라의 국교 외에는 믿지 말라고 했을 때, '왜 간섭하냐 내가 무슨 종교를 믿든지' 하고 간섭을 배제할 때 사용하는 권리가 바로 자유권이다. 자유권은 전부 간섭 배제라는 특성을 공통적으로 가진다.

인간은 태어나면서부터 자유로운 존재이며, 국가는 이러한 자유를 함부로 침해할 수 없다. 자유권은 개인의 다양한 선택과 행동을 존중하며, 다양성이 존중되는 사회를 만드는 데 기여한다. 자유권은 크게 네 가지 유형으로 나눌 수 있다.

인신의 자유권

사람의 신체와 관련된 권리이다. 생명권, 신체를 훼손당하지 않을 권리, 신체의 자유(헌법 제12조) 등이 있다. 예를 들면 부당한 체포나 구금, 고문으로부터 보호받을 권리가 이에 해당한다.

사생활 자유권

개인의 사생활 영역에서 간섭받지 않을 권리이다. 사생활의 비밀과 자유(헌법 제17조), 주거의 자유(헌법 제16조), 거주·이전의 자유(헌법 제14조), 통신의 자유(헌법 제18조) 등이 있다. 예를 들면 개인의 사생활이 함부로 공개되거나 침해

받지 않을 권리, 자유롭게 거주지를 선택하고 이동할 권리
가 여기에 속한다.

정신적 자유권

개인의 내면적 활동과 관련된 권리이다. 양심의 자유(헌법
제19조), 종교의 자유(헌법 제20조), 학문·예술의 자유(헌법 제
22조), 언론·출판·집회·결사의 자유(헌법 제21조) 등이 있
다. 자신의 신념에 따라 생각하고 행동할 권리, 자유롭게 종
교를 선택하고 믿을 권리, 자신의 생각을 자유롭게 표현할
권리이다.

최상위 기본권은 생명권이고, 그 다음 두 번째 상위 기본
권이 정신적 자유권이다. 정신 활동과 내심 작용에 대해서
는 보장 범위가 넓어야 하기 때문이다. 대신 이것이 외부로
나타나며 행동할 때는 규제할 수 있다. 진리를 추구하는 내
심 과정에서 누리는 자유가 학문의 자유, 아름다움을 추구
하는 내심 작용에서 누리는 자유가 예술의 자유이므로, 학
문과 예술의 자유도 따라서 정신적 자유권에 속한다. 이 내
심 작용을 통해서 형성된 개인의 의견이나 사상을 표현하

는 표현의 자유도 마찬가지이다. 언론·출판·집회·결사역시 내심에서 형성된 자신의 의견이나 사상을 외부로 드러내는 데 따른 자유이므로 이런 것들을 통칭해서 표현의 자유라고 부른다.

경제적 자유권

경제 활동의 자유를 보장하는 권리이다. 재산권(헌법 제23조), 직업선택의 자유(헌법 제15조) 등으로, 자신의 재산을 자유롭게 관리하고 처분할 권리, 원하는 직업을 선택하고 경제 활동을 할 권리이다.

자유권은 개인의 존엄성을 보호하고 인간다운 삶을 보장하는 데 필수적인 권리로, 자유로운 사회를 만들고 민주주의를 발전시키는 데 중요한 역할을 한다. 국가권력의 남용을 견제하고 개인의 권리를 보호하는 데에도 기여한다.

참정권

참정권은 국민이 국가의 정치적 의사 결정 과정에 직접 참여할 수 있도록 보장하는 권리이다. 국민이 주권자로서 국가의 정치 질서를 형성하고 유지하는 데 참여할 수 있도록 한다.

참정권의 가장 큰 특징은 정치 참여이다. 국민이 단순히 국가의 결정에 따르는 존재가 아니라, 적극적으로 국가의 정책 결정에 참여하고 자신의 의견을 반영할 수 있도록 하는 것을 의미한다. 국민주권주의를 실현하는 핵심적인 권리로, 국민이 국가의 주인이 되어 국가를 운영할 수 있도록 보장하는 민주주의의 발전에 필수적인 권리이다. 참정권은 크게 세 가지 유형으로 나눌 수 있다.

선거권 | 헌법 제24조 |

국민이 대표자를 선출하거나 국민투표에 참여할 수 있는 권리이다. 민주주의의 핵심적인 권리이며, 국민의 의사를 국가정책에 반영하는 중요한 수단이 된다. 대통령 선거, 국회의원 선거, 지방선거 등이 있다.

공무담임권 │헌법 제25조│

국민이 공무원이 될 수 있는 권리이다. 국민이 직접 국가의 정책 결정에 참여하고 국가를 운영할 수 있도록 보장한다. 공무담임권은 피선거권과 공직취임권으로 나뉘는데 피선거권은 선출직 공무원이 될 수 있는 권리(대통령, 국회의원)이고 공직취임권은 임명직 공무원이 될 수 있는 권리(판사, 검사)이다.

정당 활동의 자유 │헌법 제8조│

국민이 정당을 설립하거나 가입하고, 정당 활동에 참여할 수 있는 권리이다. 국민이 정치적 의사를 자유롭게 표현하고, 정치적 결사를 통해 공동의 목표를 추구할 수 있도록 보장한다.

　참정권은 국민이 국가의 정치적 의사 결정 과정에 직접 참여할 수 있도록 보장하는 권리이다. 국민주권주의를 실현하고 민주주의를 발전시키는 데 필수적인 권리이다. 국민이 국가의 정책 결정에 참여하여 자신의 의견을 반영할 수 있도록 한다. 국가권력의 남용을 견제하고 국민의 권익을 보호하는 데 기여한다.

청구권적 기본권

청구권적 기본권은 국민이 국가에 대해 특정한 행위를 요구할 수 있는 권리이다. 국가에 나의 권리를 지켜달라고 요청하거나, 국가의 잘못으로 인해 피해를 입었을 때 보상을 요구할 수 있다.

청구권적 기본권의 가장 큰 특징은 국가에 대한 요구다. 국민이 적극적으로 국가에 자신의 권리를 주장하고 보호받을 수 있도록 하는 것을 의미한다. 기본권을 실현하고 보호하기 위한 수단적인 권리로, 민주주의 사회에서 국민의 적극적인 권리 행사를 보장함으로써 국가권력의 남용을 견제하고 국민의 권익을 보호하는 데 기여한다. 청구권적 기본권은 크게 다섯 가지 유형으로 나눌 수 있다.

청원권 | 헌법 제26조 |

국가기관에 문서로 자신의 의견이나 요구사항을 전달할 수 있는 권리이다. 국민이 직접 국가정책에 참여하고 의견을 개진할 수 있는 중요한 수단이 된다. 법률 제정 또는 개정을 요구할 수 있으며, 공무원의 위법 행위를 신고할 수 있다. 청원권은 문서로 이루어지는 것을 원칙으로 한다.

재판청구권 | 헌법 제27조 |

법관에 의한 공정한 재판을 받을 권리이다. 국가의 사법 작용에 대한 국민의 참여를 보장하고, 법치주의를 실현하는데 기여한다. 민사소송, 형사소송, 행정소송 등이 있다.

국가배상청구권 | 헌법 제29조 |

국가의 고의과실에 의한 위법 행위, 공무원의 위법한 행위로 인해 손해를 입었을 때 그 손해에 대한 배상을 청구할 수 있는 권리이다. 국가권력의 남용을 견제하고 국민의 재산권을 보호한다. 공무원의 고문 또는 폭행으로 인한 손해 배상, 위법한 행정처분으로 인한 손해 배상 등이 있다.

형사보상청구권 │ 헌법 제28조 │

형사 피의자 또는 피고인으로 구금되었다가 무죄 판결 또는 불기소 처분을 받은 경우 국가에 보상을 청구할 수 있는 권리이다. 국가의 형사 사법 작용에 대한 국민의 신뢰를 높이고, 인권 보호에 기여한다.

범죄피해자구조청구권 │ 헌법 제30조 │

범죄로 인하여 생명이나 신체에 피해를 입은 국민이 국가로부터 일정한 구조를 받을 수 있는 권리이다. 범죄 피해자의 보호 및 지원을 강화하고, 사회적 정의를 실현하는 데 기여한다.

청구권적 기본권은 국민이 국가에 대해 특정한 행위를 요구할 수 있는 권리로, 국민이 국가권력의 남용을 견제하고 자신의 권리를 보호하는 데 필수적인 권리이다.

사회적 기본권

사회적 기본권은 국민이 인간다운 생활을 영위할 수 있도록 국가에 적극적인 역할을 요구하는 권리이다. 세계대전 이후 복지국가의 개념이 등장하면서 중요성이 부각되었으며, 우리 헌법에도 다양한 사회적 기본권이 규정되어 있다.

사회적 기본권의 가장 큰 특징은 인간다운 생활 보장이다. 이는 모든 국민이 최소한의 인간다운 삶을 누릴 수 있도록 국가가 적극적으로 지원해야 한다는 것을 뜻한다. 복지국가의 이념을 실현하는 핵심적인 권리로, 사회적 약자를 보호하고 사회적 불평등을 해소하는 데 중요한 역할을 하며 모든 국민이 인간으로서 존엄성을 유지하며 살아갈 수 있도록 보장한다. 사회적 기본권은 다양한 유형으로 나눌 수 있다.

인간다운 생활권 | 헌법 제34조 |

모든 국민이 '인간다운 생활을 할 권리'를 보장한다. 생존권이라고도 하며, 사회적 기본권의 핵심적인 이념을 담고 있다. 최저 생활 보장이나 사회복지서비스 등이 이에 속한다.

근로의 권리 | 헌법 제32조 |

모든 국민의 일할 권리를 보장하며, 국가는 적절한 고용 정책을 시행해야 한다는 권리이다. 예시로 적절한 임금을 보장해야 하며, 안전한 근로 환경을 조성해야 하고, 실업 대책을 마련하는 등이 있다.

노동삼권 | 헌법 제33조 |

근로자가 단결권, 단체교섭권, 단체행동권을 행사하여 노동 조건을 개선할 수 있도록 보장하는 권리이다. 노동조합 설립 및 가입, 단체 협약 체결, 파업 등의 권리이다.

교육을 받을 권리 | 헌법 제31조 |

모든 국민이 균등하게 교육을 받을 권리를 보장하여야 한다. 의무 교육, 고등 교육 기회 확대, 교육 시설 확충 등이 해당한다.

환경권 | 헌법 제35조 제1항 및 제2항 |

모든 국민이 쾌적한 환경에서 생활할 권리를 보장한다. 대기 오염 방지, 수질 관리, 자연 보호 등이다.

쾌적한 주거생활권 | 헌법 제35조 제3항 |

모든 국민이 쾌적한 주거 환경에서 생활할 권리를 보장한다. 적절한 주택을 공급하고 주거 환경을 개선하며 주거 안정 정책을 마련하는 것도 모두 이에 속한다.

모성보호권 | 헌법 제36조 제2항 |

여성의 모성을 보호하고 모성으로 인해 불이익을 받지 않도록 보장하는 권리이다. 최근 중요성이 대두되고 있는 출산 휴가, 육아 휴직, 보육 시설 확충 등이 있다.

보건권 | 헌법 제36조 제3항 |

기본권 규정 중 개별적 기본권의 가장 마지막 조항으로, 모든 국민이 건강하게 생활할 권리를 보장한다. 의료 보험, 건강 검진, 공공 의료 서비스 제공 등이다.

사회적 기본권은 모든 국민이 인간다운 삶을 누릴 수 있도록 보장하는 권리이다. 복지국가의 이념을 실현하고 사회 통합을 강화하는 데 꼭 필요한 권리로, 사회적 약자를 보호하고 사회적 불평등을 해소하는 데 중요한 역할을 한다.

기본권,
어디까지 보호받고 얼마나 제한될까?

기본권의 보장과 제한

우리 헌법은 다양한 기본권을 보장하지만, 어떤 기본권도 무제한적으로 보장되는 것은 아니다. 기본권은 타인의 권리, 헌법질서, 도덕률에 의해 제한될 수 있으며, 이러한 제한에는 일정한 한계가 존재한다. 이와 관련해 독일 헌법은 제2조 제1항에서 "권리의 행사가 타인의 권리를 침해하는 것이어서는 안 되고, 헌법질서에 위배되는 것이어서도 안 되며, 도덕률에 반하는 것이어서도 안 된다"라고 규정하고 있다.

기본권은 몇 가지 경우에 제한할 필요성이 생긴다. 개인의 자유가 타인의 권리를 침해하거나 사회 질서를 혼란스럽게 하는 것을 방지하기 위해서, 국가 안보를 위협하는 행위를 제한하여 국가의 존립을 유지하기 위해서도 필요하다. 사회 전체의 이익을 위해 개인의 자유를 제한할 필요가 생기는 경우도 있다.

그러나 우리 헌법 제37조 제2항은 기본권 제한의 한계를 명확히 규정하고 있다.

> 헌법 제37조 제2항 "국민의 모든 자유와 권리는 국가안전보장·질서유지 또는 공공복리를 위하여 필요한 경우에 한하여 법률로써 제한할 수 있으며, 제한하는 경우에도 자유와 권리의 본질적인 내용을 침해할 수 없다."

기본권은 국가 안전 보장, 질서유지, 공공복리를 위해 필요한 경우에만 제한될 수 있다(목적상의 한계). 법률 유보의 원칙에 따라 기본권은 국회가 제정한 법률로만 제한할 수 있으며, 행정부나 지방자치단체의 명령이나 조례로는 제한할 수 없다(형식상의 한계). 국민의 대표인 국회가 제정한 법률을 통해서만 기본권을 제한함으로써 국민의 의사가 반영되도록 해야 한다(민주주의의 원리). 이것이 치자와 피치자의 자동성(동일성) 원리로, 민주주의의 가장 핵심 원리이다. 법률에 근거한 통치를 통해 국가권력의 남용을 방지하고 국민의 권익을 보호해야 한다(법치주의의 원리). 기본권 제한은 필요한 최소한의 범위 내에서 이루어져야 하며, 기본권의 본질적인 내용을 침해할 수 없다(정도상의 한계).

기본권은 무제한적으로 보장되지 않으며, 일정한 조건하에 제한될 수 있다. 모든 기본권은 제한될 수 있지만 제한에는 한계가 있다. 기본권 제한의 한계는 기본권의 보장 이상으로 중요한 개념이라고 할 수 있다. 기본권 제한의 한계에 관해서 규정하고 있는 것이 바로 헌법 제37조 제2항이다. 기본권 제한은 헌법 제37조 제2항에 따라 엄격한 한계를 준수해야 한다.

과잉금지 원칙(비례성 원칙)

우리 헌법재판소는 국가가 국민의 기본권을 제한할 때 지켜야 할 중요한 기준으로 과잉금지 원칙을 제시한다. 과잉금지 원칙은 헌법 제37조 제2항의 "필요한 경우에 한하여"에서 도출되는 기본권 제한의 '정도상의 한계'에 속한다. 비례성 원칙이라고도 불리는 이 원칙은 기본권 제한이 합리적인 수준에서 이루어지도록 통제하는 역할을 한다.

과잉금지 원칙은 국가가 국민의 기본권을 제한하는 법률을 만들 때 반드시 지켜야 할 헌법상의 원칙이다. 쉽게 말해, 기본권을 제한할 때는 '필요한 최소한의 범위 내에서' 이루어져야 한다는 뜻이다.

과잉금지 원칙은 네 가지 세부 원칙으로 구성된다.

목적의 정당성: 기본권 제한의 목적이 헌법적으로 정당해야 한다.

수단의 적합성: 기본권 제한의 수단이 목적 달성에 적합해야 한다.

침해의 최소성: 기본권 제한은 목적 달성에 필요한 최소

한의 범위 내에서 이루어져야 한다.

법익의 균형성: 기본권 제한으로 인해 얻는 공익과 침해되는 사익 사이에 균형이 유지되어야 한다.

이 네 가지 세부 원칙 중 어느 하나에라도 저촉되면, 해당 기본권 제한 법률은 헌법에 위반되어 위헌이 된다. 실제로 우리 헌법재판소는 기본권 제한의 한계를 심사할 때 과잉금지 원칙을 자주 적용한다. 언론보도를 통해 헌법재판소가 어떤 법률에 대해 '과잉금지 원칙' 위반으로 위헌결정을 내렸다는 기사를 접해본 적이 있을 것이다. 집회 및 시위에 관한 법률의 일부 조항에 대해 과잉금지 원칙을 위반하여 집회의 자유를 침해한다는 이유로 위헌결정을 내린 바가 있고, 코로나19 팬데믹 상황에서 정부가 시행한 감염병 예방을 위해 집합 금지, 영업 제한 등 기본권 제한 조치가 헌법에 부합하는지 여부에 대한 논쟁도 있었다.

기본권 '제한'과 기본권 '침해'는 엄연히 다른 개념이다. 기본권 '제한'이라고 했을 때, 헌법 제37조 제2항에 따라 법률로 기본권을 '제한'하는 것은 원칙적으로 허용된다. 기본권 '침해'는 기본권 제한이 과잉금지 원칙 등 헌법적 한계를 벗어나 위헌적인 경우에만 기본권 '침해'가 된다. 즉 모든 기본권 제한이 위헌적인 것은 아니며, 헌법적 한계를 준수한 합헌적인 제한도 존재한다.

네 가지 세부 원칙

기본권 제한이 헌법적으로 정당한지 판단하기 위해 우리 헌법재판소는 과잉금지 원칙을 적용한다. 이 원칙은 기본권 제한이 과도하게 이루어지지 않도록 목적의 정당성, 수단의 적합성, 침해의 최소성, 법익의 균형성이라는 네 가지 세부 원칙을 통해 엄격하게 통제한다.

목적의 정당성

목적의 정당성은 기본권 제한이 '왜' 필요한지에 대한 질문에 답하는 원칙이다. 기본권을 제한하려는 목적이 헌법적으로 정당해야 한다는 것이다.

목적의 정당성이란 국민의 기본권을 제한하려는 입법의

목적이 '국가 안전 보장, 질서유지, 공공복리' 중 하나에 해당해야 함을 의미한다. 또한 그 목적이 헌법 및 법률의 체계상 정당성을 인정받아야 한다. 만약 기본권을 제한하지 않고도 충분히 공공복리 등 목적을 달성할 수 있다면, 기본권을 제한할 수 없고, 이를 '제한 불가피성의 원칙'이라 한다.

그렇다면 정당성은 어떻게 판단할까. 헌법적 가치와 부합해야 한다. 기본권 제한 목적이 헌법적 가치와 조화되는지 판단한다. 사회적으로 필요해야 한다. 기본권 제한이 사회 전체의 이익을 위해 필요한지 판단한다. 합리적 이유가 있어야 한다. 기본권 제한 목적이 합리적인 근거에 기반하는지 판단한다.

목적의 정당성 위반으로 위헌결정을 받는 경우는 드물지만, 과거 동성동본금혼을 규정한 민법 조항은 배우자 결정권을 제한하면서 그 입법 목적이 질서유지나 공공복리에 해당하지 않아 목적의 정당성을 충족하지 못했다는 이유로 헌법불합치결정을 받은 바 있다(헌재 1997. 7. 16. 95헌가6내지 13 병합).

수단의 적합성

수단의 적합성은 기본권 제한의 '방법'에 대한 질문에 답하는 원칙이다. 기본권을 제한하는 방법이 입법 목적을 달성하는 데 효과적이고 적절해야 한다는 것이다.

수단의 적합성이란 기본권 제한 방법이 입법 목적을 실현할 가능성을 가져야 한다는 뜻이다. 즉, 목적 달성을 위해 효과적이고 적절한 수단이어야 한다.

적합성은 어떻게 판단할까. 목적 달성의 가능성을 본다. 기본권 제한 방법이 입법 목적을 달성할 수 있는지 판단한다. 효과성도 따진다. 기본권 제한 방법이 목적 달성에 효과적인지 판단한다. 합리성을 살핀다. 기본권 제한 방법이 목적 달성에 합리적인 수단인지 판단한다.

대부분의 기본권 제한 법률은 수단의 적합성을 충족한다. 기본권 제한 방법이 입법 목적을 실현할 가능성이 있다면 수단의 적합성을 인정받을 수 있다.

침해의 최소성

침해의 최소성은 기본권 제한의 '정도'에 대한 질문에 답하는 원칙이다. 기본권을 제한할 때는 필요한 최소한의 범위 내에서 이루어져야 한다는 것이다.

침해의 최소성이란 기본권 제한의 목적을 달성하기 위한 적절한 수단이 있더라도, 기본권을 '덜' 제한하는 다른 방법이 있다면 그 방법을 선택해야 한다는 뜻이다. 기본권 제한은 필요한 최소한의 범위 내에서 이루어져야 한다.

최소성은 어떻게 판단할 수 있을까. 대안 존재 여부를 따진다. 기본권 제한의 목적을 달성하면서도 기본권을 덜 제한하는 다른 대안이 존재하는지 판단한다. 기본권 제한이 목적 달성에 필요한 최소한의 범위 내에서 이루어졌는지 판단한다. 기본권 제한으로 인해 침해되는 사익과 달성되는 공익 사이에 비례성이 유지되는지 판단한다.

침해의 최소성은 미국 연방대법원의 LRA(Less Restrictive Alternative) 원칙을 독일 연방헌법재판소가 받아들여 이론화한 것이다. LRA 원칙은 '덜 제한적인 대안'이 존재하는 경우, 기본권 제한은 위헌이라는 원칙이다. 재미있게도 미국에서 창의적인 법리들이 개발되고, 독일에서 이를 체계화하는 경향이 있다.

과잉금지 원칙에 위배되는 법률은 대부분 침해의 최소성과 법익의 균형성에 어긋나서 위헌이 된다. 예를 들어 집회 장소나 시간 등의 제한을 통해 집회의 자유를 과도하게 제한하는 법률은 침해의 최소성을 위반할 가능성이 높다.

법익의 균형성

과잉금지 원칙의 마지막 세부 원칙인 법익의 균형성은 기본권 제한으로 인해 발생하는 공익과 사익의 '균형'에 대한 질문에 답하는 원칙이다. 기본권 제한을 통해 얻는 공익이 침해되는 사익보다 커야 한다는 것이다.

법익의 균형성이란 '그 입법에 의하여 보호하려는 공익과 침해되는 사익을 비교형량할 때 보호되는 공익이 더 커야 함'을 의미한다. 기본권 제한으로 인해 보호하려는 공익과 침해되는 사익을 비교형량했을 때, 보호하려는 공익이 더 크거나 적어도 공익과 사익의 균형을 이루어야 한다.

법익의 균형성은 미국 연방대법원의 밸런싱 테스트(Balancing Test, 이익형량 원칙)를 독일 연방헌법재판소가 받아들여 이론화한 것이다. 밸런싱 테스트는 언론의 자유와 국가 기밀 보존 등 상충하는 이익을 비교형량하는 데 많이 사용되었다. 뉴욕 타임스 v. 미국 정부 사건의 판결은 밸런싱 테스트의 대표적인 사례이다.

미국의 유명 일간지인 뉴욕 타임스가 국방성의 극비 문서를 입수하여 베트남 전쟁에 대한 미국의 개입 역사를 폭로하는 기획 기사를 연재하기 시작했다. 미국 정부는 해당 기사가 국가 안보를 위협한다고 판단하여 기사 보도를 중단시키려 했다. 언론의 자유와 국가 안보라는 두 가지 중요한 가치가 충돌하는 상황을 보여주는 사건이다.

미국 정부는 뉴욕 타임스의 기사 보도를 막기 위해 법원에 소송을 제기했고, 이 사건은 미국 연방대법원까지 올라갔다. 대법원은 언론의 자유와 국가 안보라는 두 가지 이익을 비교형량해야 했다. 대법원은 언론의 자유를 더 중요하게 판단하여 뉴욕 타임스의 기사 보도를 허용했다. 이 사건은 법익의 균형성을 판단하는 대표적인 사례다. 대법원은 언론의 자유라는 사익과 국가 안보라는 공익을 비교형량하여 언론의 자유가 더 중요하다고 판단했다.

침해의 최소성에 어긋나는 법률은 논리 필연적으로 법익

의 균형성에도 어긋날 수밖에 없다. 예를 들어 과도한 개인
정보 수집은 공익보다 사익 침해가 크다고 판단될 수 있다.

과잉금지 원칙의 실제적 적용과 한계

과잉금지 원칙은 기본권 제한의 정도를 판단하는 중요한 기
준이지만, 실제 적용에는 몇 가지 어려움과 한계가 존재한다.

우선 과잉금지 원칙을 적용하기 전에 어떤 기본권이 제
한되는지 명확히 특정해야 한다는 점이다. 헌법 제37조 제
2항에서 도출되는 과잉금지 원칙은 다른 기본권 조항과 함
께 병렬적으로 적용된다. 예를 들어 집회의 자유를 제한하
는 법률에 대해 과잉금지 원칙을 적용하려면 먼저 헌법 제
21조의 집회의 자유가 제한된다는 점을 명확히 해야 한다.

둘째, 판단 기준이 주관적이라는 점이다. 과잉금지 원칙
의 네 가지 세부 기준은 객관적이고 과학적인 기준처럼 보
이지만, 실제로는 주관적인 판단에 의존하는 경우가 많다.
특히 '법익의 균형성'은 공익과 사익을 비교형량하는 과정
에서 헌법재판관의 주관적인 판단이 크게 작용한다.

셋째, 똑같은 법률 조항에 대해서도 적용 결과가 달라질

수 있다는 점이다. 대표적인 예로 간통죄에 대한 헌법재판소의 판단 변화를 들 수 있다. 헌법재판소는 간통죄에 대해 성적자기결정권 제한의 문제로 보고 과잉금지 원칙을 적용하여 과거 네 차례나 합헌결정을 내린 바 있다(89헌마82, 90헌가70, 2000헌바60, 2007헌가17 등). 하지만 2015년에는 과잉금지 원칙 중 방법의 적절성, 피해의 최소성, 법익의 균형성을 충족하지 못했다는 이유로 위헌결정을 내렸다(헌재 2015. 2. 26. 2009헌바17).

다음 장에서는 위 네 가지 원칙에 근거하여 헌법재판소가 내린 판결 중 의미 있는 사례들에 대해 알아보자.

기본권에 관련된

중요한 헌법적 판례

생명권에 관한 사형제 사건

(헌재 2010. 2. 25. 2008헌가23)

2회에 걸쳐 4명을 살해하고 그중 3명의 여성을 추행한 범
죄사실로 구속 기소된 피고인이 있었다. 1심인 광주지방법
원 순천지원에서는 사형을 선고하였고, 피고인이 항소해 광
주고등법원에서 재판을 받던 중 피고의 변호인이 살인죄에
관한 형법 제250조 제1항, 사형제도를 규정한 형법 제41조
제1호 등이 헌법에 위반된다는 이유로 위헌법률심판제청

을 하자 고등법원이 이를 받아들여 위헌제청 결정을 했다.

심판 대상

형법 (1953. 9. 18. 법률 제293호로 제정된 것)

제41조 (형의 종류) 1. 사형

제42조 (징역 또는 금고의 기간) 징역 또는 금고는 무기 또는 유기로 하고 유기는 1월 이상 15년 이하로 한다. 단, 유기징역 또는 유기금고에 대하여 형을 가중하는 때에는 25년까지로 한다.

제72조 (가석방의 요건) ①징역 또는 금고의 집행 중에 있는 자가 그 행상이 양호하여 개전의 정이 현저한 때에는 무기에 있어서는 10년, 유기에 있어서는 형기의 3분의 1을 경과한 후 행정처분으로 가석방을 할 수 있다.

제250조 (살인, 존속살해) ①사람을 살해한 자는 사형, 무기 또는 5년 이상의 징역에 처한다.

구 성폭력범죄의 처벌 및 피해자보호 등에 관한 법률(1997. 8. 22. 법률 제5343호로 개정되고 2008. 6. 13. 법률 제9110호로 개정되기 전의 것)

제10조 (강간 등 살인·치사) ①제5조부터 제8조까지, 제8조의2, 제12조(제5조부터 제8조까지 및 제8조의2의 미수범만 해당한다)의 죄 또는 형법 제297조(강간) 내지 제300조(미수범)까지의 죄를 범한 자가 사람을 살해한 때에는 사형 또는 무기징역에 처한다.

쟁점

사형제도가 헌법에 보장된 생명권을 침해하는지 여부
사형제도가 과잉금지 원칙에 위배되는지 여부

헌법재판소의 판단: 합헌

헌법재판소는 사형제도가 헌법에 위반되지 않는다고 판단했다. 이는 과거 헌법재판소의 합헌결정을 유지하는 것이었다.

● 헌법 제110조 제4항: 헌법은 비상계엄하의 군사재판에서 사형 선고를 예외로 규정하여 사형제도를 간접적으로 인정하고 있다.

● 생명권 제한: 생명권도 헌법 제37조 제2항에 따라 법률

로 제한될 수 있으며, 사형제도는 헌법적 한계를 벗어나지 않는 합헌적인 제한이다.

● 과잉금지 원칙: 사형제도는 사형수의 생명권에 대한 제한의 문제이므로 과잉금지 원칙을 적용하여 그 위헌 여부를 판단하여야 한다.

– 목적의 정당성: 사형제도는 '극악한 범죄 예방 및 사회 방어'라는 극히 중대한 공익을 보호하기 위한 것으로 그 목적은 정당하다.

– 수단의 적합성: 사형은 범죄 예방에 효과적인 수단이다.

– 침해의 최소성: 사형보다 덜 침해적인 수단으로 동일한 효과를 낼 수 없으므로 최소 침해성 원칙에 위배되지 않는다.

– 법익의 균형성: 사형으로 얻는 공익(무고한 국민 보호)이 사형수의 생명권 박탈이라는 사익보다 크므로 법익의 균형성을 충족한다.

핵심 요약

● 헌법재판소는 사형제도가 헌법에 위반되지 않는다고 판단했다.

● 사형제도는 생명권 제한의 헌법적 한계를 준수하며, 과잉금지 원칙에도 위배되지 않는다.

● 이 결정은 사형제도에 대한 헌법재판소의 기존 입장을 재확인한 것이다.

● 헌법재판소는 사형제도에 대해 과거에도 여러 차례 합헌결정을 내린 바 있다.

● 헌법재판소는 사형제도가 극악한 범죄를 예방하고 사회를 방어하는 데 필요한 수단이라고 판단했다.

언론·출판의 자유에 관한 미네르바 사건
(헌재 2010. 12. 28. 2008헌바157 등 병합)

'미네르바'라는 닉네임을 쓰는 한 인터넷 사용자가 인터넷 포털 사이트 토론방에 '드디어 외환보유고가 터지는구나'라는 제목으로 외환보유고가 고갈되어 외화예산 환전 업무가 중단되었다는 허위 내용의 글을 작성하여 수만 명이 열람했다.

약 5개월 후 같은 토론방에 '대정부 긴급 공문 발송 -1
보'라는 제목으로 정부가 7대 주요 금융기관과 기업에 달
러 매수를 금지하는 긴급 공문을 보냈다는 취지의 허위 내
용의 글을 게시하여 약 10만 명 이상이 열람했다.

인터넷 토론방에 작성된 외환보유고 고갈, 달러 매수 금
지 등 허위 사실은 정부 정책의 신뢰도를 떨어뜨리고 대외
신인도를 저하시킨 혐의로 기소되었다. 1심 재판에서 법원
은 미네르바에게 무죄를 선고했지만 검찰은 무죄 판결에
불복하여 항소했고, 미네르바는 해당 행위를 처벌하는 전
기통신기본법 제47조 제1항이 위헌이라며 헌법소원심판을
청구했다.

심판 대상

전기통신기본법(1996. 12. 30. 법률 제5219호로 개정된 것)

제47조(벌칙) ①공익을 해할 목적으로 전기통신설비에 의
하여 공연히 허위의 통신을 한 자는 5년 이하의 징역 또는
5천만원 이하의 벌금에 처한다.

쟁점

전기통신기본법 제47조 제1항이 표현의 자유와 죄형법정
주의의 명확성 원칙에 위배되는지 여부

헌법재판소의 판단: 위헌

헌법재판소는 전기통신기본법 제47조 제1항이 명확성 원
칙에 위배되어 헌법에 위반된다고 판단했다. 해당 조항은
위헌결정으로 인해 소급하여 효력을 상실하며, 해당 조항으
로 유죄 확정판결을 받은 사람은 재심을 청구할 수 있다.

● 명확성 원칙: 법률은 명확한 용어로 규정해야 하며, 특히
표현의 자유를 규제하는 입법과 형벌 조항은 더욱 엄격한
명확성이 요구된다.

● 공익 개념의 불명확성: 전기통신기본법 제47조 제1항은
'공익을 해할 목적'의 허위 통신을 금지하는데, '공익' 개념
이 지나치게 추상적이고 불명확하다. '공익'은 사람마다 가
치관에 따라 다르게 해석될 수 있으며, 법 집행자의 해석으
로도 객관적으로 확정하기 어렵다. 다원화된 사회에서 공
익은 하나로 수렴되지 않는 경우가 많으며, 공익 간 형량

역시 주관적일 수밖에 없다.

● 표현의 자유 침해: '공익' 개념의 불명확성은 국민이 어떤 표현이 금지되는지 예측하기 어렵게 하여 표현의 자유를 위축시킨다. 따라서 전기통신기본법 제47조 제1항은 표현의 자유에서 요구하는 명확성의 요청에 부응하지 못한다.

● 죄형법정주의 위배: 형벌 법규는 처벌 대상 행위와 형벌을 명확하게 규정해야 하지만, 전기통신기본법 제47조 제1항은 '공익' 개념의 불명확성으로 인해 죄형법정주의의 명확성 원칙에 위배된다.

핵심 요약

● 헌법재판소는 '공익' 개념의 불명확성으로 인해 전기통신기본법 제47조 제1항이 표현의 자유와 죄형법정주의의 명확성 원칙에 위배된다고 판단했다.

● 이 결정은 표현의 자유를 규제하는 입법과 형벌 조항에 대한 명확성 원칙의 중요성을 강조한다.

● 헌법재판소는 명확성 원칙을 민주주의와 법치주의 원리의 표현으로 보며, 표현의 자유를 규제하는 입법에서는 더

욱 중요하다고 강조했다.

● 이 사건은 인터넷 공간에서의 표현의 자유와 법적 규제
의 균형에 대한 중요한 논의를 불러일으켰다.

집회의 자유에 관한 야간 옥외집회 금지 규정 사건
(헌재 2009. 9. 24. 2008헌가25)

2008년, 미국산 쇠고기 수입 문제로 한국 사회가 뜨겁게 달
아올랐다. 많은 시민들이 이에 반대하는 촛불집회에 참여
했고, 이 집회는 주로 밤에 열렸다. 이 과정에서 집회 주최
자가 집회 및 시위에 관한 법률(집시법)을 위반한 혐의로 기
소되었다. 밤 19시 35분경부터 21시 47분경까지 옥외에서
집회를 주최했다는 이유였다.

재판 과정에서 집회 주최자는 밤에 옥외집회를 금지하는
집시법 제10조와 이 조항을 어겼을 때 처벌하는 집시법 제
23조가 헌법에 어긋난다고 주장했다. 야간 옥외집회를 금
지하는 조항은 사실상 집회를 미리 허가받도록 강제하는

것과 마찬가지이며, 이는 헌법에서 금지하는 '집회 사전허가제'에 해당하므로, 따라서 헌법에 위반되는 법률에 근거한 처벌 역시 부당하다는 것이었다. 법원은 이 주장을 받아들여 헌법재판소에 위헌법률심판을 제청했다.

심판 대상

집회 및 시위에 관한 법률(2007. 5. 11. 법률 제8424호로 전부 개정된 것)

제10조(옥외집회와 시위의 금지 시간) 누구든지 해가 뜨기 전이나 해가 진 후에는 옥외집회 또는 시위를 하여서는 아니 된다. 다만, 집회의 성격상 부득이하여 주최자가 질서유지인을 두고 미리 신고한 경우에는 관할경찰관서장은 질서유지를 위한 조건을 붙여 해가 뜨기 전이나 해가 진 후에도 옥외집회를 허용할 수 있다.

제23조(벌칙) 제10조 본문 또는 제11조를 위반한 자, 제12조에 따른 금지를 위반한 자는 다음 각 호의 구분에 따라 처벌한다.

1. 주최자는 1년 이하의 징역 또는 100만원 이하의 벌금

쟁점

집시법 제10조가 집회의 자유를 침해하는지 여부 (사전허가제 금지 및 과잉금지 원칙 위반 여부)

헌법재판소의 판단: 헌법불합치

헌법재판소는 집시법 제10조 중 '옥외집회' 부분과 관련 처벌 조항이 헌법에 합치되지 않는다고 판단했다. 2010년 6월 30일을 시한으로 입법자가 개정할 때까지 해당 조항은 계속 적용되며, 만약 기한 내 개정이 이루어지지 않으면 효력을 상실한다고 판단했다.

● 사전허가제 금지: 법률로 집회를 제한하는 것은 사전허가제에 해당하지 않지만, 실질적으로 허가 없이는 집회를 불가능하게 하는 경우 사전허가제에 해당한다. 집시법 제10조는 법률에 의한 시간적 제한이므로 사전허가제에 위반되지 않는다.

● 과잉금지 원칙: 목적의 정당성 및 수단의 적합성: 야간 옥외집회를 제한하여 시민의 평온을 유지하고 공공질서를 확보하려는 목적은 정당하며, 이는 적합한 수단이다.

– 침해의 최소성: '해가 뜨기 전이나 해가 진 후'라는 광범위한 시간대의 집회 금지는 주간에 활동하는 직장인, 학생 등의 집회의 자유를 과도하게 제한한다. 심야 시간대에만 집회를 금지해도 입법 목적을 달성할 수 있으므로 침해의 최소성 원칙에 위배된다.

– 법익의 균형성: 광범위한 시간대 제한으로 집회 참가자가 받는 침해가 공익보다 크므로 법익의 균형성도 갖추지 못했다.

핵심 요약

● 헌법재판소는 야간 옥외집회를 광범위하게 금지하는 집시법 조항이 집회의 자유를 과도하게 제한한다고 판단했다.

● 심야 시간대에만 집회를 금지해도 입법 목적을 달성할 수 있으므로 침해의 최소성 원칙에 위배된다고 보았다.

● 헌법불합치결정을 통해 국회에 법 개정을 촉구하고, 개정 전까지는 해당 조항을 계속 적용하도록 했다.

● 이 결정은 과거 헌법재판소의 합헌결정을 변경한 것으로, 집회의 자유를 보다 폭넓게 보장하는 방향으로 판례가

변화했음을 보여준다.

● 헌법불합치결정은 위헌적인 법률을 즉시 무효화하는 대신, 국회의 입법 개선을 유도하는 방식이다.

● 형벌 법규에 대한 헌법불합치결정과 계속 적용 명령은 법적 논란을 야기했다.

우리 일상 속 기본권에 대한 판례

시각장애인 안마사 제도 사건
(헌재 2008. 10. 30. 2006헌마1098)

헌법재판소는 시각장애인에게만 안마사 자격을 부여하는
'안마사에 관한 규칙'이 헌법에 위반된다고 결정했다. 하지
만 국회는 의료법을 개정하여 시각장애인에게만 안마사 자
격을 부여하는 제도를 유지했다. 비시각장애인 안마사들이
안마사 자격증을 신청했지만 법에 따라 거부당했고, 이들
은 의료법 조항이 자신들의 '직업 선택의 자유'를 침해한다

고 주장하며 헌법소원심판을 청구했다.

심판 대상

구 의료법(2006. 9. 27. 법률 제8007호로 개정되고 2007. 4. 11. 법률 제8366호로 전부 개정되기 전의 것)

제61조 (안마사) ①안마사는 「장애인복지법」에 따른 시각장애인 중 다음 각 호의 어느 하나에 해당하는 자로서 시·도지사의 자격인정을 받아야 한다.

1. 「초·중등교육법」 제2조 제5호의 규정에 따른 특수학교 중 고등학교에 준한 교육을 하는 학교에서 제4항의 규정에 의한 안마사의 업무한계에 따라 물리적 시술에 관한 교육과정을 마친 자

2. 중학교 과정 이상의 교육을 받고 보건복지부장관이 지정하는 안마수련기관에서 2년 이상의 안마수련과정을 마친 자

의료법(2007. 4. 11. 법률 제8366호로 전부 개정된 것)

제82조 (안마사) ①안마사는 「장애인복지법」에 따른 시각장애인 중 다음 각 호의 어느 하나에 해당하는 자로서 시·

도지사의 자격인정을 받아야 한다.

1. 「초·중등교육법」 제2조 제5호에 따른 특수학교 중 고등학교에 준한 교육을 하는 학교에서 제4항에 따른 안마사의 업무한계에 따라 물리적 시술에 관한 교육과정을 마친 자

2. 중학교 과정 이상의 교육을 받고 보건복지부장관이 지정하는 안마수련기관에서 2년 이상의 안마수련과정을 마친 자

쟁점

의료법 조항이 비시각장애인의 직업 선택의 자유를 침해하는지 여부 (과잉금지 원칙 위반 여부)

시각장애인 안마사 제도가 헌법 제34조 제5항에 따른 국가의 장애인 보호 의무에 부합하는지 여부

헌법재판소의 판단: 합헌

헌법재판소는 의료법 조항이 헌법에 위반되지 않는다고 판단했다. 시각장애인의 생존권 보장을 위해 비시각장애인의 직업 선택의 자유를 제한하는 것이 불가피하다고 보았다.

● 헌법적 요청: 시각장애인 안마사 제도는 헌법 제34조 제5항에 따른 국가의 장애인 보호 의무에 근거하며, 시각장애인의 생계를 보장하기 위한 것이다.

● 과잉금지 원칙:

– 목적의 정당성: 시각장애인의 생존권 보장은 정당한 목적이다.

– 수단의 적합성: 안마업은 시각장애인이 영위하기에 용이하며, 안마사 독점은 시각장애인의 생계를 지원하는 적절한 수단이다.

– 침해의 최소성: 시각장애인 복지정책이 미흡한 현실에서 안마사는 시각장애인이 선택할 수 있는 거의 유일한 직업이며, 다른 대안이 충분하지 않다.

– 법익의 균형성: 시각장애인의 생존권 보장이라는 공익이 비시각장애인의 직업 선택의 자유 제한으로 인한 사익보다 크다고 판단된다.

● 소수자 우대: 시각장애인은 역사적으로 차별받아온 소수자로서, 실질적 평등을 위해 우대 조치가 필요하다.

핵심 요약

● 헌법재판소는 시각장애인 안마사 제도가 헌법 제34조 제5항에 따른 국가의 장애인 보호 의무에 부합하며, 과잉금지 원칙에도 위배되지 않는다고 판단했다.

● 시각장애인의 생존권 보장을 위해 비시각장애인의 직업 선택의 자유를 제한하는 것이 불가피하다고 보았다.

● 이 결정은 사회적 약자의 생존권 보장과 직업 선택의 자유라는 헌법적 가치가 충돌할 때, 헌법재판소가 어떠한 기준을 적용하는지 보여주는 사례다.

● 헌법재판소는 시각장애인 안마사 제도가 미래 사회에서도 유지될 수 있는 정책 수단은 아니라고 보았다. 국회와 정부에 시각장애인의 생존권과 비시각장애인의 직업 선택의 자유를 조화롭게 보장할 수 있는 방안을 강구할 것을 촉구했다.

● 이 사건은 사회적 약자의 생존권과 기본권 제한의 한계에 대한 논의를 심화시키는 계기가 되었다.

동성동본 금혼 사건

(헌재 1997. 7. 16. 95헌가6내지13 병합)

박홍선-박미자 부부 외 6쌍의 커플이 같은 성과 본관을 가졌다는 이유로 혼인신고를 거부당했다. 이에 불복하여 이들은 서울가정법원에 소송을 제기했다. 서울가정법원은 7건의 관련 소송을 하나로 합쳐서 심리했는데, 민법 제809조 제1항(동성동본 금혼)의 위헌 여부가 재판의 핵심 쟁점이라고 판단해 1995년 5월 17일, 헌법재판소에 해당 조항의 위헌 여부에 대한 심판을 제청했다. 헌법재판소는 5월 29일 이 사건을 접수하여 심리에 착수했다.

심판 대상

민법 제809조【동성혼 등의 금지】

①동성동본인 혈족 사이에서는 혼인하지 못한다.

쟁점

민법 제809조 제1항이 헌법에 위반되는지 여부 (인간의 존엄

과 가치, 행복추구권, 평등권, 혼인의 자유 침해 여부)

헌법재판소의 판단: 헌법불합치

민법 제809조 제1항은 헌법에 합치되지 않으며, 1998년 12월 31일까지 개정하지 않으면 1999년 1월 1일 효력을 상실한다. 법원 및 국가기관은 법 개정 전까지 해당 조항의 적용을 중지해야 한다.

● 역사적 배경: 동성동본 금혼 제도는 유교 사상과 가부장적 대가족 제도에 기반을 두고 있었으나, 현대 사회는 개인의 존엄과 양성평등을 중시하는 사회로 변화했다.

● 인간의 존엄과 가치, 행복추구권: 배우자 결정권을 침해한다.

● 평등권: 남계 중심의 혼인 금지는 합리적 이유 없이 부계와 모계를 차별한다.

● 혼인의 자유: 동성동본이라는 이유로 혼인을 금지하는 것은 혼인의 자유를 침해한다.

● 헌법불합치결정: 즉시 위헌결정을 내리는 대신, 국회에 법 개정 기회를 주기 위해 헌법불합치결정을 내렸다.

핵심 요약

● 헌법재판소는 동성동본 금혼 제도가 현대 사회의 가치관과 헌법 정신에 부합하지 않는다고 판단했다.

● 개인의 자유와 평등을 중시하는 사회로 변화하면서 전통적인 가족 제도의 의미가 약화되었음을 인정했다.

● 헌법불합치결정을 통해 국회의 법 개정을 유도하고, 사실상 위헌결정을 내린 것과 같은 효과를 부여했다.

● 이 결정은 헌법재판소가 오랜 관습을 헌법적 가치에 따라 재해석하고 변화를 이끌어낸 '혁명적 결정'으로 평가된다.

● 헌법 제10조의 '인간의 존엄과 가치 및 행복추구권'에서 배우자 결정권을 도출했다는 점에서 의미가 있다.

● 헌법불합치결정과 함께 적용 중지 결정을 내려 사실상 위헌결정과 같은 효과를 부여한 점이 주목할 만하다.

● 이 사건 이후 민법이 개정되어 동성동본 금혼 규정은 삭제되었고, 현재는 8촌 이내의 혈족 사이의 혼인만 금지된다.

부모의 자녀교육권에 관한 과외교습 금지 사건

(헌재 2000. 4. 27. 98헌가16)

PC통신을 통해 '하누리교육'이라는 이름으로 유료 과외 교습을 제공한 사람이 있었다. 온라인 '하누리방'을 통해 회원들에게 문제를 내고 질의응답을 하는 방식으로 과외를 했고, 교사들이 직접 방문하여 지도하는 방식도 사용했다. 이 과정에서 회원 2,415명으로부터 약 3억 7천만 원의 수익을 올렸다. 검찰은 이 사람을 '학원의 설립·운영에 관한 법률' 위반 혐의로 기소했다.

서울지방법원은 하누리교육 대표에게 적용된 법률 조항, 특히 과외 교습을 전면 금지하는 조항이 헌법에 위반될 소지가 있다고 판단했다. 이에 법원은 직권으로 헌법재판소에 해당 법률 조항의 위헌 여부에 대한 심판을 제청했다.

심판 대상

학원의 설립·운영에 관한 법률(1995. 8. 4. 법률 제4964호로 전문개정된 이후의 것)

제3조(과외교습) 누구든지 과외교습을 하여서는 아니된다. 다만, 다음 각호의 1에 해당하는 경우에는 그러하지 아니하다.

1. 학원 또는 교습소에서 기술·예능 또는 대통령령이 정하는 과목에 관한 지식을 교습하는 경우

2. 학원에서 고등학교·대학 또는 이에 준하는 학교에의 입학이나 이를 위한 학력인정에 관한 검정을 받을 목적으로 학습하는 수험준비생에게 교습하는 경우

3. 대학·교육대학·사범대학·전문대학·방송통신대학·개방대학·기술대학 또는 개별 법률에 의하여 설립된 대학 및 이에 준하는 학교에 재적중인 학생(대학원생을 포함한다)이 교습하는 경우

제22조(벌칙) ①다음 각호의 1에 해당하는 자는 1년 이하의 징역 또는 300만원 이하의 벌금에 처한다.

1. 제3조의 규정에 위반하여 과외교습을 한 자

쟁점

과외교습 전면 금지 조항이 부모의 자녀교육권, 교습자의 직업 선택의 자유, 학생의 학습권 등을 침해하는지 여부(과잉금지 원칙 위반 여부)

헌법재판소의 판단: 위헌

학원의 설립·운영에 관한 법률 조항은 헌법에 위반된다. 과외교습 전면 금지는 부모의 자녀교육권, 교습자의 직업 선택의 자유, 학생의 학습권 등을 과도하게 침해한다.

● 부모의 자녀교육권: 자녀 교육은 부모의 천부적 권리이자 의무이며, 헌법상 보장되는 기본권이다. 국가는 학교 교육을 통해 교육 책임을 분담하지만, 학교 밖 교육 영역에서는 부모의 교육권이 우선한다. 과외교습 전면 금지는 부모의 교육권을 과도하게 제한한다.

● 기본권 침해: 교습자의 직업 선택의 자유: 과외교습을 직업으로 선택할 자유를 제한한다.

● 학생의 학습권: 학교 밖에서 자유롭게 학습할 권리, 즉 인격의 자유로운 발현권을 제한한다.

● 과잉금지 원칙

- 목적의 정당성: 고액 과외교습 방지라는 목적은 정당하다.

- 수단의 적합성: 과외교습 금지는 어느 정도 목적 달성에 기여할 수 있다.

- 침해의 최소성: 모든 과외교습을 금지하는 것은 고액 과외교습 방지와 무관한 교습 행위까지 광범위하게 금지하는 것으로, 최소 침해 원칙에 위배된다.

- 법익의 균형성: 과외교습 금지로 인한 기본권 제한의 효과가 고액 과외교습 방지로 얻는 공익보다 크므로 법익의 균형성도 갖추지 못했다.

핵심 요약

● 헌법재판소는 과외교습 전면 금지가 헌법상 보장된 기본권을 과도하게 제한한다고 판단했다.

● 부모의 자녀교육권은 헌법적으로 중요한 기본권이며, 학교 밖 교육 영역에서는 부모의 교육권이 우선함을 강조했다.

● 과외교습 금지는 고액 과외교습 방지라는 목적을 달성

하기 위한 최소한의 수단이 아니라고 보았다.

● 이 결정은 부모의 자녀교육권과 국가의 교육 책임 간의 관계를 명확히 하고, 사교육에 대한 국가의 개입 범위를 설정했다는 점에서 의미가 있다.

● 과외교습 금지는 교육 불평등 해소라는 명분으로 개인의 기본권을 과도하게 제한할 수 없음을 보여준다.

● 헌법재판소는 과잉금지 원칙을 통해 기본권 제한의 한계를 명확히 하고, 기본권 보호의 중요성을 강조했다.

학교 정화구역 내 PC방 금지 사건
(2008. 4. 24. 2006헌바83 등 병합)

학교 정화구역 내에서 PC방을 운영하던 영업주들이 학교보건법 위반으로 처벌받았다. 이들은 자신들이 경영하는 PC방이 학교 정화구역 안에 위치한다는 이유로 법원으로부터 학교보건법위반죄로 약식명령을 고지받았다며 해당 법률 조항이 자신들의 '직업 수행의 자유를 침해한다'고 헌법소원심판을 청구했다.

심판 대상

구 학교보건법(2005. 3. 24. 법률 제7396호로 개정되고, 2007. 4. 27. 법률 제8391호로 개정되기 전의 것)

제6조 (정화구역 안에서의 금지행위 등)

①누구든지 학교환경위생정화구역 안에서는 다음 각 호의 1에 해당하는 행위 및 시설을 하여서는 아니된다. 다만, 대통령령이 정하는 구역 안에서는 제2호, 제2호의2, 제4호, 제8호, 제10호 내지 제13호 및 제15호에 규정한 행위 및 시설 중 교육감 또는 교육감이 위임한 자가 학교환경위생정화위원회의 심의를 거쳐 학습과 학교보건위생에 나쁜 영향을 주지 않는다고 인정하는 행위 및 시설은 제외한다.

15. 기타 제1호ㆍ제2호ㆍ제2호의2ㆍ제2호의3ㆍ제3호 내지 제14호와 유사한 행위 및 시설과 미풍양속을 해하는 행위 및 시설로서 대통령령으로 정하는 행위 및 시설

※병합된 2004헌바92 사건에서는 구 학교보건법(2004. 2. 9. 법률 제7170호로 개정되고, 2005. 3. 24. 법률 제7396

호로 개정되기 전의 것) 제6조 제1항 제14호에 해당함

제19조 (벌칙) 제6조 제1항의 규정에 위반한 자는 1년 이하
의 징역 또는 500만원 이하의 벌금에 처한다.

쟁점

학교보건법 조항이 PC방 영업주의 직업 수행의 자유를 침
해하는지 여부 (죄형법정주의 및 과잉금지 원칙 위반 여부)

헌법재판소의 판단: 합헌

학교보건법 조항은 헌법에 위반되지 않는다. 학교 정화구
역 내 PC방 금지는 청소년 보호를 위한 정당한 규제이며,
직업 수행의 자유를 과도하게 침해하지 않는다.

● 죄형법정주의: '미풍양속을 해하는 행위 및 시설'이라는
개념은 추상적이지만, 학교보건법의 목적과 맥락을 고려하
면 충분히 예측 가능하다. 건전한 상식과 통상적인 법 감정
을 가진 사람이라면 금지 대상을 충분히 예견할 수 있으므
로 죄형법정주의에 위반되지 않는다.

● 과잉금지 원칙:

목적의 정당성: 학교 주변 환경을 정화하여 청소년의 건전한 성장을 도모하는 목적은 정당하다.

수단의 적합성: 학교 정화구역 내에서 유해 시설을 금지하는 것은 입법 목적 달성에 효과적이다.

침해의 최소성: 학교 경계로부터 200m 이내로 제한되고, 상대 정화구역에서는 허용될 수 있는 시설이 있으므로 제한 정도가 과도하지 않다.

법익의 균형성: PC방 영업 제한으로 인한 사익보다 학생의 건전한 성장이라는 공익이 더 크다고 판단된다.

핵심 요약

● 헌법재판소는 학교 정화구역 내 PC방 금지가 청소년 보호를 위한 불가피한 조치라고 판단했다.

● '미풍양속을 해하는 행위 및 시설'이라는 개념은 추상적이지만, 법의 목적과 맥락을 고려하면 충분히 명확하다고 보았다.

● 학교 정화구역 설정과 PC방 금지는 직업 수행의 자유를 과도하게 침해하지 않는다고 판단했다.

● 이 결정은 학교 주변 유해 환경으로부터 청소년을 보호하기 위한 국가의 책임을 강조한다.

● 학교 정화구역 설정은 청소년의 건전한 성장을 위한 중요한 제도임을 확인했다.

● PC방 외에도 학교 주변에 유해한 시설은 학교보건법에 의해 규제될 수 있다.

● 학교 정화구역 설정과 규제는 학교 유형(대학, 유치원, 초중고)에 따라 다르게 적용될 수 있다. 과거 헌법재판소는 대학 주변 극장 영업 금지에 대해 위헌결정을 내린 바 있다.

4부

헌법 속
숨겨진 이야기

먼 곳의 당신도 헌법이다

: 외국 헌법 알아보기

현대 국가는 대부분 헌법을 그 존립 근거로 삼는다. 추구하는 가치도 별반 다르지 않다. 하지만 각 국가의 역사, 정치, 사회 맥락에 따라 중요하게 생각하는 가치의 우선순위는 저마다 다르다. 이 책은 역사책이 아니기 때문에 각 국가의 역사를 굳이 살피지는 않을 생각이다. 다만 우리 헌법에 큰 영향을 준 독일과 미국 헌법을 일부 소개하며 헌법이 어떤 방식으로 맥락을 반영하는지 알아보겠다.

평등 조항

현행헌법 제11조 평등 조항의 핵심 내용은 법 앞의 평등, 특수 계급 금지, 훈장 등의 효력이다.

> 제11조 ①모든 국민은 법 앞에 평등하다. 누구든지 성별·종교 또는 사회적 신분에 의하여 정치적·경제적·사회적·문화적 생활의 모든 영역에 있어서 차별을 받지 아니한다. ②사회적 특수계급의 제도는 인정되지 아니하며, 어떠한 형태로도 이를 창설할 수 없다. ③훈장등의 영전은 이를 받은 자에게만 효력이 있고, 어떠한 특권도 이에 따르지 아니한다.

우리 평등 조항은 독일 헌법의 평등 조항을 좀 따왔지만 똑같지는 않다. 독일 헌법은 한국 헌법과 유사하게 법 앞의 평등을 규정하지만 성별 평등을 강조하며, 실제적 평등 실현을 위한 국가의 노력을 명시한다. 차별 금지 사유를 성별, 가문, 종족, 언어, 고향, 신앙, 정치적 견해, 장애 등으로 더 구체적으로 규정한다.

독일 헌법 제3조[법률 앞에서의 평등] ①모든 인간은 법 앞에 평등하다. ②남성과 여성은 동등한 권리를 가진다. 국가는 여성과 남성의 동등한 권리의 사실적인 실현을 증진하고 현존하는 불이익을 제거하기 위하여 노력한다. ③누구도 성별, 가문, 종족, 언어, 고향과 출신, 신앙, 종교적 또는 정치적 견해 때문에 불이익을 받거나 특혜를 받지 아니한다. 누구도 장애를 이유로 불이익을 받지 아니한다.

독일 헌법 3조는 우리 헌법과 같이 모든 인간은 법 앞에 평등하다고 한 뒤, 남성과 여성의 동등한 권리를 강조해서 규정하고 있다. 그리고 사실적인 실현을 증진하고 현존하는 불이익을 제거하기 위해 노력한다. 그 다음 성별, 종교, 사회적 신분 외에도 가문, 종족, 언어, 고향과 출신, 신앙, 종교적 또는 정치적 견해까지도 차별 금지 사유로서 굉장히 상세하게 규정하고 있다.

미국은 헌법을 수정하지 않고 제헌헌법의 조항들을 비롯해 기존의 헌법 조항을 그대로 둔다. 이때, 헌법개정을 통해 있던 조항이 없어지거나 수정되는 것이 아니라 새로운 조항을 추가한다. 그래서 '수정헌법'이라는 이름으로 헌법 조항이 계속 추가되고 있다. 수정헌법 14조에 평등 조항이 있는데 아주 간단하다. 주(州)가 개인에게 법률상 평등한 보호를 거부할 수 없음을 규정한다.

> 미국 수정헌법 제14조: … 어떠한 주(州)도 … 그 관
> 할권 내에 있는 어떠한 사람에 대하여도 법률에 의
> 한 평등한 보호를 거부하지 못한다.

미국 헌법의 기본권은 수정헌법부터 나오는데, 수정헌법 1조가 표현의 자유 등 기본권 조항이다. 미국의 제헌헌법에는 기본권 조항이 없었다. 1787년 미국의 제헌헌법이 제정됐는데 기본권 규정이 없는 헌법도 헌법이냐는 비판이 많아서 제정 불과 4년 후인 1891년에 무더기로 10개의 기본권 조항들을 만들어 헌법에 추가한다. 그것이 수정헌법 1조부터 10조까지이다. 수정헌법들은 20~30년 만에 두세 개 정도씩 추가되어 현재 수정헌법 조항만 27조에 이르고 있다.

헌법 제1조(가장 앞, 가장 중요한 조항)

세계 각국의 헌법에서 1조에 규정하는 내용은 해당 국가의 핵심 가치와 이념을 반영한 상징적인 의미를 지닌다. 한국, 미국, 독일의 헌법 제1조를 비교해보면, 한국은 국가의 기본 원리를, 미국은 통치구조를, 독일은 기본권을 헌법 제1조에 규정하여 각 국가의 핵심 가치를 드러낸다. 대한민국은 '민주공화국'으로서의 국가형태와 국민주권주의를 헌법의 최우선 가치로 규정하고, 미국은 통치구조를 헌법의 핵심 요소로 강조하며, 독일 헌법은 기본권 조항으로 헌법이 시작된다.

현행헌법 제1조

①대한민국은 민주공화국이다. ②대한민국의 주권은 국민에게 있고, 모든 권력은 국민으로부터 나온다.

미국 제1조[입법부]

①이 헌법에 의하여 부여되는 입법 권한은 합중국

연방의회에 속하며, 연방의회는 상원과 하원으로 구성한다.

독일 헌법 제1조[인간존엄의 보호]
①인간의 존엄은 불가침이다. 이를 존중하고 보호하는 것은 모든 국가권력의 의무이다. ②따라서 독일국민은 불가침·불가양의 인권을 세계의 모든 인간공동체, 평화 그리고 정의의 기초로서 인정한다. ③이하의 기본권은 직접 효력을 갖는 법으로서 입법, 행정 및 사법을 구속한다.

우리나라와 미국의 헌법 1조를 살펴보면 한국 헌법은 국가의 기본 원리인 민주공화국과 국민주권을 1조에 규정한다. "대한민국은 민주공화국이다. 대한민국의 주권은 국민에게 있고 모든 권력은 국민으로부터 나온다."

미국 헌법은 통치구조를 1조에 규정한다. 우리 헌법으로 치면 제4장 국회에 관한 국회의 구성, 조직 권한에 관한 조항이 미국 헌법의 1조다.

독일 헌법의 1조는 기본권 조항이다. 우리 헌법으로 치면 10조 '모든 국민은 인간으로서의 존엄과 가치를 가지며'에 해당하는 인간 존엄성 보호 조항이 독일 헌법 1조다. "인간의 존엄은 불가침이다. 이를 존중하고 보호하는 것은 국가 권력의 의무이다."

국가에 따라 위헌과 합헌이 다른 경우

같은 헌법 조항은 아니지만 같은 법 조항에 대해서 나라별로 합헌과 위헌 결정이 달라지는 게 있다. 대표적인 것이 우리 형법 기준 제250조 제2항의 존속 살해죄 규정이다.

형법 제250조 (살인, 존속살해)
①사람을 살해한 자는 사형, 무기 또는 5년 이상의 징역에 처한다. ②자기 또는 배우자의 직계존속을 살해한 자는 사형, 무기 또는 7년 이상의 징역에 처한다.

형법상 부모, 조부모 등 존속을 살해한 경우 일반 살인죄
보다 형을 가중하여 처벌하는 조항이다. 일제강점기 때 일
본 형법에서 따온 것이다. 일본 형법에도 이 존속 살해죄 규
정이 있었는데, 일본에서는 존속 살해죄가 이제 없어졌다.

일본은 위헌법률심사를 하는 헌법재판소가 따로 없고 대
법원 격인 최고재판소에서 위헌심사를 한다. 일본은 존속
살해가 위헌이라는 결정을 내렸다. 존속을 살해한 자와 존
속이 아닌 자를 살해한 자를 차별하는 데 합리적 이유가 없
다는 것이다.

우리 헌법재판소에도 형법의 존속 살해죄 규정이 올라
간 적이 있다. 헌재는 합헌결정을 내렸다. 일본은 평등권 침
해로 위헌이라고 했는데 우리나라는 평등권 침해가 아니고
합헌이다. 그러면 합리적 기준이 있는 차별이라는 뜻인데,
존속을 살해한 자와 존속 아닌 자를 살해한 자를 차별하는
데에 합리적 이유로 본 것은 무엇이었을까? 우리 헌법재판
소는 유교적 '효' 사상을 바탕으로 존속살해는 일반 살인보
다 비난 가능성이 더 크다고 판단했다. 따라서 존속 살해죄
의 법정형을 일반 살인죄의 법정형보다 더 가중하고 있는

것이 합리적 기준이 있는 차별로서 합헌이다.

한국은 전통적 가치관을, 일본은 평등의 가치를 우선시하여 다른 결론을 내렸다. 헌법재판은 시대와 사회의 가치관에 따라 달라질 수 있다는 것을 보여주는 예다. '합리적'이라는 추상적이고 아주 탄력적인 기준은 같은 나라에서도 시대가 바뀌면 합헌과 위헌 결정이 달라질 수 있다. 예를 들어 간통죄 같은 경우 합헌에서 위헌결정이 났고, 양심적 병역거부자들을 처벌하는 병역법 조항 역시 합헌에서 헌법불합치결정, 낙태죄는 합헌에서 헌법불합치결정이 났다. 시대 변화에 따라서 같은 조항이 합헌이었다가 위헌결정으로 효력을 상실하는 경우다. 시대 변화에 따라서 같은 조항이 우리 헌법재판소에 의해서 합헌에서 위헌이나 헌법불합치로 달라진 경우에 대해서는 다음 장에서 자세히 살펴보겠다.

헌법은 자란다

: 시대에 따른 헌법 판결의 변화

헌법은 항상 자란다. 각각의 헌법 조항의 의미는 그때그때의 시대 변화를 반영하면서 바뀔 수 있다. 또한 법률 조항의 헌법 위반 여부를 다루는 헌법재판소의 위헌법률심판에서, 같은 법률 조항에 대해서도 시대에 따라 합헌결정을 받아오다가 위헌결정이 내려지기도 한다. 법률 조항은 변하지 않았는데, 위헌인지 합헌인지에 대한 헌법재판소의 판단이 달라지는 것이다. 그 대표적인 예가 형법 제241조에서 범죄로 규정하고 있던 간통죄 조항, 양심적 병역거부자들에 대해 대체복무를 허용하지 않던 병역법 조항, 의사에 의한 낙태에 대해 임신한 여성과 의사를 처벌해오던 형법상의 낙태죄 조항에 대한 헌법재판소 판결의 변화이다.

형법상의 간통죄 사건 | (헌재 1990. 9. 10. 89헌마82)

간통죄로 기소된 사람이 1심과 2심에서 징역형을 선고받고 대법원에 상고했다. 대법원에 간통죄 조항(형법 제241조)이 헌법에 위반된다며 위헌제청 신청을 했지만 기각되자, 헌법재판소에 헌법소원심판을 청구했다.

심판 대상

형법 제241조(간통)

①배우자 있는 자가 간통한 때에는 2년 이하의 징역에 처한다. 그와 상간한 자도 같다.

②전항의 죄는 배우자의 고소가 있어야 논한다. 단 배우자가 간통을 종용 또는 유서한 때에는 고소할 수 없다.

쟁점

간통죄가 개인의 성적자기결정권을 과도하게 침해하는지 여부(과잉금지 원칙 위배 여부)

헌법재판소의 판단: 합헌

간통죄는 혼인 및 가족 제도 유지를 위한 불가피한 규제이며, 성적자기결정권을 과도하게 침해하지 않는다. 다수의견은 간통죄가 공익을 위해 필요한 최소한의 제한이라고 보았지만, 일부 재판관은 징역형만 규정한 것은 과도한 처벌이며 기본권 침해라고 반대했다.

● 헌법 제10조에 따라 개인의 성적자기결정권은 보장되지만, 이는 절대적인 권리가 아니며 공동체적 가치를 위해 제한될 수 있다.

● 간통은 일부일처제 혼인 제도와 선량한 성도덕에 어긋나고, 가정 파괴 등 사회적 해악을 초래하므로 국가가 규제할 필요가 있다.

● 과잉금지 원칙:

- 목적의 정당성: 일부일처주의 혼인 제도 유지 및 선량한

성 풍속 유지는 정당한 목적이다.

– 수단의 적합성: 간통을 범죄로 처벌하는 것은 목적 달성에 효과적인 수단이다.

– 침해의 최소성: 간통죄를 범죄로 다루고 2년 이하의 징역형으로 처벌하는 것은 간통을 억제하기 위한 최소한의 제한이다.

– 법익의 균형성: 간통죄로 보호되는 공익(혼인 및 가족 제도 유지)이 개인의 성적 자기결정권 제한으로 인한 사익보다 크다고 판단된다.

핵심 요약

● 헌법재판소는 간통죄가 일부일처주의 혼인 제도와 선량한 성 풍속 유지를 위해 필요하다고 판단했다.

● 간통죄는 성적 자기결정권을 제한하지만, 이는 공동체적 가치를 위해 허용되는 범위 내에 있다고 보았다.

● 헌재는 간통죄를 범죄로 처벌하고 징역형으로 처벌하는 것이 간통을 억제하는 데 효과적인 수단이라고 판단했다.

● 당시 간통죄에 대한 헌법재판소의 입장을 보여주며, 간

통죄 존치에 대한 사회적 논쟁을 불러일으켰고, 헌법재판소의 판례 변화 과정을 보여주는 사례이다.

● 이 결정 이후에 2015년 사회적 인식 변화에 따라 간통죄는 위헌으로 판결되어 폐지되었다.

● 미국은 간통을 형사 처벌하지 않고 민사상 불법 행위로 다루며, 이혼 시 위자료에 영향을 미치는 정도로 규제한다.

간통죄 사건 II (헌재 2015. 2. 26. 2009헌바17)

간통 혐의로 기소되어 재판을 받던 청구인들은 간통죄 규정(형법 제241조)이 위헌이라며 헌법소원심판을 청구했다. 법원은 간통 혐의에 관한 형사재판 진행 중 간통죄 규정에 대한 위헌법률심판을 제청했다.

심판 대상

형법(1953. 9. 18. 법률 제293호로 제정된 것)

제241조(간통)

①배우자 있는 자가 간통한 때에는 2년 이하의 징역에 처한다. 그와 상간한 자도 같다.

②전항의 죄는 배우자의 고소가 있어야 논한다. 단 배우자가 간통을 종용 또는 유서한 때에는 고소할 수 없다.

쟁점

간통죄 규정이 개인의 성적자기결정권 및 사생활의 비밀과 자유를 침해하는지 여부 (과잉금지 원칙 위반 여부)

헌법재판소의 판단: 위헌

간통죄는 개인의 성적자기결정권 및 사생활의 비밀과 자유를 과도하게 침해한다.

● 사회구조와 결혼 및 성에 대한 국민의 인식이 변화하고, 성적 자기결정권을 중요시하는 인식이 확산됨에 따라 간통죄에 대한 국민적 합의가 이루어지지 않았다.

● 비록 비도덕적인 행위라도 개인의 사생활에 속하고 사회적 해악이 크지 않거나 구체적인 법익 침해가 없는 경우 국가가 개입해서는 안 된다는 것이 현대 형법의 추세이다.

● 혼인과 가정의 유지는 당사자의 자유로운 의지와 애정에 맡겨야 하며, 형벌로 강제될 수 없다.

● 간통죄 처벌 비율과 사회적 비난 정도를 고려할 때, 형사정책상 일반예방 및 특별예방 효과를 거두기 어렵다.

● 부부간 정조 의무 및 여성 배우자 보호는 이혼 청구, 손해배상 청구, 자녀 양육, 재산 분할 청구 등 민사적 방법으로 효과적으로 달성될 수 있다.

● 간통죄가 유책 배우자의 이혼 수단이나 가정주부 공갈수단으로 악용되는 사례도 있다.

● 과잉금지 원칙에 위배된다. 간통죄 규정은 수단의 적절성과 침해 최소성을 갖추지 못했으며, 공익과 기본권 제한의 균형성도 상실했다.

핵심 요약

● 헌법재판소는 시대 변화와 국민 인식 변화를 반영하여 간통죄를 위헌으로 판단했다.

● 간통죄는 개인의 사생활 영역에 대한 과도한 국가 개입이며, 혼인과 가정의 유지를 형벌로 강제할 수 없다고 보았다.

● 민사적 방법으로도 충분히 목적 달성이 가능하며, 간통죄가 악용되는 사례도 있다는 점을 고려했다.

● 헌법재판소는 과거 4차례 간통죄 합헌결정을 내렸으나, 이 사건에서 판례를 변경하여 위헌결정을 내렸다.

● 헌법재판소법 개정으로 인해 간통죄 위헌결정의 소급효 범위를 제한하여 법적 혼란을 최소화했다.

● 이 결정은 개인의 성적 자기결정권과 사생활의 자유를 존중하는 사회적 변화를 반영한 것으로 평가된다.

간통죄 위헌결정과 소급효 문제

헌법재판소가 간통죄를 위헌으로 결정하는 데 어려움을 겪었던 이유는 '소급효' 때문이다. 소급효란 법률이나 결정의 효력이 과거 시점까지 거슬러 올라가는 것을 의미한다.

구 헌법재판소법 제47조 제2항에 따르면, 위헌결정이 내려진 법률은 '결정일'부터 효력을 잃는다. 하지만 형벌에 관한 법률은 예외적으로 소급하여 효력을 잃도록 규정되어 있었다. 간통죄는 형벌에 해당하므로, 위헌결정이 내려지면 1953년 형법 제정 시점까지 소급하여 효력을 잃게 된다.

이렇게 되면 과거 간통죄로 유죄판결을 받은 사람들이 모두 재심을 청구할 수 있게 되는데, 이는 법적 안정성을 해치고 큰 혼란을 야기할 수 있었다. 따라서 헌법재판소는 시대 변화에 맞지 않는 간통죄 처벌 규정에 위헌결정을 내려야 했지만, 소급효로 인한 법적 혼란을 우려하여 결정을 주저했다.

헌법재판소는 이 문제를 해결하기 위해 국회에 헌법재판소법 개정을 건의했다. 헌법재판소법 제47조 제3항 단서를 신설하여 '이전에 합헌결정이 있었던 경우'에는 위헌결정의 효력이 '합헌결정 다음 날'부터 상실되도록 했다. 간통죄는 과거 여러 차례 합헌결정이 내려진 바 있으므로, 위헌결정이 내려지더라도 형법 제정 시점까지 소급되는 것이 아니라 마지막 합헌결정이 내려진 다음 날부터 효력을 잃게 된다.

이 개정으로 헌법재판소는 소급효로 인한 법적 혼란을 최소화하면서 간통죄를 위헌으로 결정할 수 있었다. 간통죄는 2015년 2월 26일 헌법재판소의 위헌결정으로 62년 만에 역사 속으로 사라지게 되었다.

집총거부 병역법 위반 사건(헌재 2004. 8. 26. 2002헌가1)

현역입영대상자로서 현역병으로 입영하라는 병무청장의 현역 입영통지서를 받고도 입영일로부터 5일이 지나도록 이에 응하지 않은 청구인은 종교적 양심을 이유로 입영을 거부하여 병역법 위반으로 기소되었다. 청구인은 병역법 조항이 양심의 자유를 침해한다며 위헌법률심판 제청을 신청했다.

심판 대상

병역법(1999. 2. 5. 법률 제5757호로 개정된 것)

제88조(입영의 기피) ① 현역입영 또는 소집통지서(모집에 의한 입영통지서를 포함한다)를 받은 사람이 정당한 사유없이 입영 또는 소집기일부터 다음 각 호의 기간이 경과하여도 입영하지 아니하거나 소집에 불응한 때에는 3년 이하의 징역에 처한다. 다만, 제53조 제2항의 규정에 의하여 전시근로소집에 대비한 점검통지서를 받은 사람이 정당한 사유없이 지정된 일시의 점검에 불참한 때에는 6월 이하의 징역

이나 200만원 이하의 벌금 또는 구류에 처한다.

1. 현역입영은 5일

쟁점

병역법 조항이 양심적 병역거부자의 양심의 자유를 침해하
는지 여부 (과잉금지 원칙 위반 여부)

헌법재판소의 판단: 합헌

병역법 조항은 헌법에 위반되지 않는다. 양심적 집총거부
를 처벌하는 병역법 규정은 '양심 실현의 자유'에 대한 합
헌적인 제한이다.

● 양심의 자유는 내심의 자유인 '양심 형성의 자유'와 양
심적 결정을 외부로 표현하고 실현하는 '양심 실현의 자유'
로 구분된다. 양심 형성의 자유는 절대적으로 보호되지만,
양심 실현의 자유는 법질서에 위배되거나 타인의 권리를
침해할 수 있으므로 법률에 의해 제한될 수 있다. 양심의
자유는 국가에 대해 양심을 고려하고 보호할 것을 요구하
는 권리일 뿐, 법적 의무 이행을 거부하거나 대체복무를 요

구할 권리를 의미하지는 않는다.

● 병역법 조항을 통해 달성하려는 공익은 국가 존립과 자유의 전제 조건인 '국가 안보'라는 중요한 가치다. 한국의 안보 상황, 징병의 형평성, 대체복무제 도입의 제약 등을 고려할 때, 대체복무제 도입이 국가 안보를 해치지 않는다고 단정하기 어렵다.

● 입법자는 양심의 자유와 국가 안보의 갈등을 해소하고 양립할 수 있는 방안을 검토해야 한다. 대체복무제 도입 여부, 양심적 병역거부자에 대한 사회적 이해와 관용, 병역의무의 형평성 등을 종합적으로 고려해야 한다.

핵심 요약

● 헌법재판소는 양심 실현의 자유는 제한될 수 있는 상대적인 자유라고 판단했다.

● 국가 안보의 중요성을 고려할 때, 양심적 병역거부자에 대한 처벌은 불가피하다고 보았다.

● 다만 입법자에게 대체복무제 도입 등 양심의 자유와 국가 안보를 조화시킬 수 있는 방안을 검토할 것을 권고했다.

● 헌법재판소는 국가 안보의 중요성을 강조하면서도, 양심적 병역거부자에 대한 사회적 논의와 입법적 해결의 필요성을 제시했다.

● 2018년 6월 28일 헌법재판소는 병역거부자들을 처벌하는 조항으로 사용했던 병역법 제88조 제1항에 대해서는 합헌, 대체복무제를 규정하지 않고 있는 병역법 제5조에 대해서 헌법불합치라는 결정을 내렸다.

집총거부 병역법 위반 사건 II
(헌재 2018. 6. 28. 2011헌바379 등)

청구인들은 현역 또는 보충역 처분을 받은 사람들이다. 현역 입영통지서나 공익근무요원 소집통지서를 받았음에도 불구하고, 정당한 이유 없이 입영 또는 소집에 응하지 않았다. 병역법 위반 혐의로 기소되어 재판을 받던 중, 청구인들은 병역법 제5조, 제88조 제1항 등이 헌법에 위반된다고 주장하며 법원에 위헌법률심판제청 신청을 했지만, 법원은 이를 받아들이지 않았다. 이에 청구인들은 헌법재판소에 헌법소원심판을 청구했다.

한편, 창원지방법원 마산지원과 서울북부지방법원 등 다른 법원에서도 비슷한 병역법 위반 사건을 다루면서 피고인의 신청 또는 법원 자체의 판단에 따라 병역법 제88조 제1항에 대해 헌법재판소에 위헌법률심판을 제청했다.

심판 대상

병역법(2016. 5. 29. 법률 제14183호로 개정된 것)

제5조(병역의 종류) ① 병역은 다음 각 호와 같이 구분한다.

1. 현역: 다음 각 목의 어느 하나에 해당하는 사람

　가. 징집이나 지원에 의하여 입영한 병(兵)

　나. 이 법 또는 「군인사법」에 따라 현역으로 임용 또는 선발된 장교(將校)·준사관(準士官)·부사관(副士官) 및 군간부후보생

2. 예비역: 다음 각 목의 어느 하나에 해당하는 사람

　가. 현역을 마친 사람

　나. 그 밖에 이 법에 따라 예비역에 편입된 사람

3. 보충역: 다음 각 목의 어느 하나에 해당하는 사람

　가. 병역판정검사 결과 현역 복무를 할 수 있다고 판정된 사람 중에서 병력수급 사정에 의하여 현역병입영 대상자로 결정되지 아니한 사람

　나. 다음의 어느 하나에 해당하는 사람으로 복무하고 있거나 그 복무를 마친 사람

　　1)사회복무요원 2)삭제 3)예술·체육요원 4)공중보건의사 5)병역판정검사전담의사 6)삭제 7)공익법무관 8)공중방역수의사 9)전문연구요원 10)산업기능요원

　다. 그 밖에 이 법에 따라 보충역에 편입된 사람

4. 병역준비역: 병역의무자로서 현역, 예비역, 보충역 및 전시근로역이 아닌 사람

5. 전시근로역: 다음 각 목의 어느 하나에 해당하는 사람

　가. 병역판정검사 또는 신체검사 결과 현역 또는 보충역 복무는 할 수 없으나 전시근로소집에 의한 군사지원 업무는 감당할 수 있다고 결정된 사람

　나. 그 밖에 이 법에 따라 전시근로역에 편입된 사람

제88조(입영의 기피 등) ①현역입영 또는 소집 통지서를 받은 사람이 정당한 사유 없이 입영일이나 소집일부터 다음 각 호의 기간이 지나도 입영하지 아니하거나 소집에 응하지 아니한 경우에는 3년 이하의 징역에 처한다.(단서 생략)

  1. 현역입영은 3일 2. 공익근무요원소집은 3일

쟁점

병역법 제5조(병역의 종류)가 양심적 병역거부자를 위한 대체복무제를 규정하지 않아 양심의 자유를 침해하는지 여부

병역법 제88조(입영의 기피 등)가 양심적 병역거부자를 처벌하는 것이 양심의 자유를 침해하는지 여부

헌법재판소의 판단

병역법 제5조는 헌법에 합치되지 않으며, 입법자는 2019년 12월 31일까지 대체복무제를 도입해야 한다. 병역법 제88조는 헌법에 위반되지 않는다.

병역법 제5조(병역의 종류): 헌법불합치

● 헌법재판소는 병역의 종류를 규정한 병역법 제5조가 대체복무제를 규정하지 않아 양심적 병역거부자의 양심의 자유를 침해한다고 판단했다.

● 대체복무제는 군사 훈련을 수반하는 병역의무보다 양심의 자유를 덜 제한하는 수단이며, 국방력 약화나 병역 기피 증가 등의 우려도 해소할 수 있다고 보았다.

● 과잉금지 원칙

- 목적의 정당성: 병역종류조항은 병역 부담의 형평성을 기하고 병역 자원을 효율적으로 확보 및 배분하여 국가 안보를 실현하고자 하는 것으로, 정당한 입법 목적을 가진다.

- 수단의 적합성: 병역 종류를 규정하는 것은 이러한 목적을 달성하기 위한 적합한 수단이다.

- 침해의 최소성: 병역종류조항은 병역의 종류를 5가지로 한정하고 있으며, 이들 모두 군사 훈련을 전제로 한다. 양심적 병역거부자에게는 이러한 병역의무가 양심과 충돌을 일으킬 수밖에 없다. 대체복무제는 군사 훈련을 수반하는 병역의무보다 양심의 자유를 덜 제한하는 수단이다. 대체복

무제를 도입해도 병역 자원 손실이나 국방력 약화 등의 문제가 발생하지 않으며, 병역의무의 형평성도 유지할 수 있다. 따라서 대체복무제라는 대안이 있음에도 군사 훈련을 수반하는 병역의무만을 규정한 병역종류조항은 침해의 최소성 원칙에 어긋난다.

- 법익의 균형성: 병역종류조항이 추구하는 국가 안보 및 병역의무의 공평한 부담이라는 공익은 중요하지만 대체복무제를 도입해도 이러한 공익은 충분히 달성할 수 있다. 반면, 대체복무제가 없어 양심적 병역거부자는 징역형, 공무원 임용 제한, 각종 인허가 제한 등 막대한 불이익을 감수해야 한다. 양심적 병역거부자에게 공익 관련 업무를 부여하면 이들을 교도소에 수용하는 것보다 공익 실현에 더 유익하며, 사회 통합에도 도움이 된다. 따라서 병역종류조항은 법익의 균형성 요건을 충족하지 못한다.

● 헌법재판소는 입법자에게 2019년 12월 31일까지 대체복무제를 도입하는 내용으로 병역법을 개정할 것을 명령했다.

병역법 제88조(입영의 기피 등): 합헌

● 헌법재판소는 병역 기피자를 처벌하는 병역법 제88조가 양심의 자유를 침해하지 않는다고 판단했다.

● 병역의무 이행의 형평성, 엄중한 안보 상황, 대체복무제 도입의 어려움 등을 고려할 때, 병역 기피자에 대한 형사 처벌은 불가피하다고 보았다.

● 병역거부는 다른 공익적 가치와 형량할 때 우선적으로 보호받을 가치가 아니며, 처벌 조항이 달성하는 공익이 더 크다고 판단했다.

● 과잉금지 원칙:

- 목적의 정당성: 병역 자원의 확보와 병역 부담의 형평성을 기하고 국가의 안전 보장과 국토방위를 통해 헌법상 인정되는 중대한 법익을 실현하고자 하는 것으로, 입법 목적이 정당하다.

- 수단의 적합성: 입영 기피자 등에 대한 형사 처벌은 위 입법 목적을 달성하기 위한 적절한 수단이다.

- 침해의 최소성: 우리나라에서 병역의무를 이행하는 사람들은 엄격한 규율과 열악한 복무 환경에서 각종 위험에 노

출되고, 기본권도 제한받는다. 이러한 부담을 회피하기 위한 탈법·불법 행위가 발생하므로, 병역 기피 행위에 대한 형사 처벌은 불가피하다. 우리나라의 엄중한 안보 상황을 고려할 때, 다른 나라의 대체복무제 시행이 우리나라의 대체복무제 도입 근거가 될 수 없다. 대체복무제 도입은 국가 공동체 구성원의 책임 의식과 군인 등의 안보관에 부정적 영향을 줄 수 있으며, 병역 기피자 증가와 군 전투력 손실을 초래할 수 있다. 양심을 빙자한 병역 기피자를 심사 단계에서 가려내는 것은 어렵고, 등가성이 확보된 대체복무를 설정하는 것도 매우 까다롭다. 대체복무제 도입은 국민적 합의가 필요한 문제이며, 아직 이에 대한 합의가 이루어지지 않았다. 따라서 양심적 병역거부자에 대해 형벌을 부과하는 것이 침해의 최소성 요건을 충족하지 못한다고 볼 수 없다.

– 법익의 균형성: 병역거부는 다른 공익적 가치와 형량할 때 우선적으로 보호받을 보편적 가치를 가지지 않는다. 처벌 조항이 달성하는 공익은 국가 공동체의 안전 보장과 국토방위를 수호하여 헌법의 핵심적 가치와 질서를 확보하는

것이다. 따라서 처벌 조항에 의해 제한되는 사익이 달성하려는 공익보다 우월하다고 할 수 없으므로, 처벌 조항은 법익의 균형성 요건을 충족한다.

핵심 요약

● 헌법재판소는 양심적 병역거부자를 위한 대체복무제를 규정하지 않은 병역법 조항은 위헌이라고 판단했다.

● 병역 기피자를 처벌하는 조항은 합헌이라고 판단했다.

● 이 결정은 양심적 병역거부자의 권리를 보호하면서도 국가 안보와 병역의무의 형평성을 유지하려는 헌법재판소의 노력을 보여준다.

● 이 결정은 헌법재판소가 과거 합헌결정을 내렸던 입장을 변경하여 대체복무제 도입의 필요성을 인정했다는 점에서 의미가 있다.

● 이후 국회는 대체복무제를 도입하는 내용으로 병역법을 개정했고, 양심적 병역거부자들은 대체복무를 통해 병역의무를 이행하게 되었다.

● 이 사건은 시대 변화에 따라 헌법재판소의 해석이 달라

질 수 있음을 보여주는 사례이다.

낙태죄 사건 (헌재 2019. 4. 11. 2017헌바127)

산부인과 의사인 청구인이 2013년부터 2015년까지 69회에 걸쳐 낙태 시술을 한 혐의로 기소되었다. 재판 계속 중 청구인은 낙태를 처벌하는 형법 조항이 헌법에 위반된다고 주장하며 위헌법률심판제청신청을 하였으나 그 신청이 기각되자, 위 조항들의 위헌 확인을 구하는 헌법소원심판을 청구하였다.

심판 대상

형법 (1995. 12. 29. 법률 제5057호로 개정된 것)

제269조(낙태) ①부녀가 약물 기타 방법으로 낙태한 때에는 1년 이하의 징역 또는 200만 원 이하의 벌금에 처한다.

제270조(의사 등의 낙태, 부동의낙태) ①의사, 한의사, 조산사, 약제사 또는 약종상이 부녀의 촉탁 또는 승낙을 받아

낙태하게 한 때에는 2년 이하의 징역에 처한다.

관련 조항

모자보건법(2009. 1. 7. 법률 제9333호로 개정된 것)

제14조(인공임신중절수술의 허용한계) ①의사는 다음 각 호의 어느 하나에 해당되는 경우에만 본인과 배우자(사실상의 혼인관계에 있는 사람을 포함한다. 이하 같다)의 동의를 받아 인공임신중절수술을 할 수 있다.

1. 본인이나 배우자가 대통령령으로 정하는 우생학적 또는 유전학적 정신장애나 신체질환이 있는 경우

2. 본인이나 배우자가 대통령령으로 정하는 전염성 질환이 있는 경우

3. 강간 또는 준강간에 의하여 임신된 경우

4. 법률상 혼인할 수 없는 혈족 또는 인척 간에 임신된 경우

5. 임신의 지속이 보건의학적 이유로 모체의 건강을 심각하게 해치고 있거나 해칠 우려가 있는 경우

모자보건법 시행령(2009. 7. 7. 대통령령 제21618호로 개정된 것)

제15조(인공임신중절수술의 허용한계) ①법 제14조에 따

른 인공임신중절수술은 임신 24주일 이내인 사람만 할 수 있다.

쟁점

낙태를 처벌하는 형법 조항이 임신한 여성의 자기결정권을 침해하는지 여부 (과잉금지 원칙 위반 여부)

헌법재판소의 판단: 헌법불합치

형법 제269조 제1항(자기낙태죄), 제270조 제1항(의사낙태죄)은 헌법에 합치되지 않는다. 입법자는 2020년 12월 31일까지 관련 법률을 개정해야 한다.

● 자기결정권

임신한 여성은 자신의 신체를 임신 상태로 유지하고 출산할지 여부를 결정할 권리를 가진다. 낙태죄 조항은 이러한 자기결정권을 제한한다.

● 과잉금지 원칙

– 목적의 정당성: 태아의 생명을 보호하려는 목적은 정당하다.

– 수단의 적합성: 낙태를 형사처벌하는 것은 태아 생명 보호에 적합한 수단이다.

– 침해의 최소성 및 법익의 균형성: 임신, 출산은 여성의 삶에 큰 영향을 미치므로, 여성의 자기결정권이 중요하다. 태아가 모체 밖에서 생존 가능한 시점(임신 22주 내외) 이전에는 국가가 생명 보호의 수단과 정도를 달리 정할 수 있다. 낙태죄 조항은 사회적, 경제적 이유로 낙태를 고민하는 여성들을 충분히 고려하지 않았다. 형벌보다 사회적, 제도적 지원을 통해 낙태를 줄이는 것이 더 효과적일 수 있다. 따라서 낙태죄 조항은 침해의 최소성과 법익의 균형성을 충족하지 못한다.

● 단순 위헌결정 시 법적 공백이 발생하므로, 헌법불합치 결정을 내리고 입법자에게 개선 입법을 촉구했다.

핵심 요약

● 헌법재판소는 낙태죄 조항이 임신한 여성의 자기결정권을 과도하게 침해한다고 판단했다.

● 사회적, 경제적 이유로 낙태를 고민하는 여성들을 위한

충분한 고려가 필요하다고 보았다.

● 태아의 생명 보호와 여성의 자기결정권이 조화될 수 있는 입법적 해결을 요구했다.

● 이 결정은 헌법재판소가 과거 합헌결정을 내렸던 입장을 변경한 것이다.

● 국회가 법 개정 시한을 지키지 않아 의사에 의한 낙태죄 조항은 2021년 1월 1일부터 효력을 상실했다.

● 이 결정 이후 법의 공백 상태를 메우기 위하여 정부는 법을 개정하려 하였지만 아직까지 국회에서 통과되지 못하고 있다.

5부

당 신 이
헌 법 이 다

당신이 헌법을 쓸 수 있다면

: 개헌에 관하여

헌법은 이상적인 사회를 규정하고 있지만, 현실은 항상 헌법의 기준에 미치지 못한다. 헌법과 헌법현실은 다를 수밖에 없다. 헌법현실은 항상 헌법에 미달한다. 헌법개정이 헌법현실과 헌법 사이의 간극을 줄이는 데 도움이 된다면 헌법개정이 필요하다.

헌법개정이란 한 사회가 무엇인가 새로운 시도를 기획하는 방법 중의 하나이다. 사회가 새로운 방향으로 나아가기 위한 중요한 방법이다.

헌법개정은 새로운 시대적 가치와 요구를 반영하여 더

나은 사회를 만들어가는 과정이다. 예를 들어 과거에는 상상하기 어려웠던 환경 문제나 디지털 시대의 새로운 권리 등을 헌법에 반영할 수 있다.

헌법은 국가의 근본적인 법률이므로, 자주 개정하는 것은 법적 혼란을 야기할 수 있다. 헌법 조항 하나가 바뀌면 그 아래에 있는 수많은 법률들도 함께 바뀌어야 하므로, 신중한 접근이 필요하다. 하지만 시대 변화에 따라 필요한 경우 적절한 시기에 개정해야 한다.

헌법의 미래

1987년에 현행헌법으로 헌법이 개정되면서 우리나라 헌법이 지금과 같은 형태로 바뀌었다. 헌법이 개정될 당시는 컴퓨터가 막 보급되기 시작하고 인터넷은 아주 초기 단계였다. 지금처럼 인터넷이 발달하거나 스마트폰, 인공지능(AI) 같은 건 상상하기 어려웠던 시대였다.

하지만 지금은 인터넷이 엄청나게 발달했고, 스마트폰과

AI가 등장하면서 우리 삶이 완전히 달라졌다. 특히 코로나 19 팬데믹을 겪으면서 사람들의 생활 방식이 이전과는 완전히 달라졌다. 과거에는 상상하기 어려웠던 온라인 수업, 재택근무, 비대면 서비스 등이 일상화되었다.

1987년 헌법은 이런 변화들을 전혀 예상하지 못하고 만들어졌다. 그래서 지금 시대에 맞지 않는 부분들이 많아졌다. 따라서 헌법을 개정해 이러한 시대 변화를 반영하고, 변화된 사회에 맞는 새로운 가치와 질서를 헌법에 담아야 할 필요성이 커졌다. 헌법개정을 통해 변화된 시대에 맞는 국민의 권리와 의무 등을 명확히 하고, 새로운 기술과 사회 변화에 대응할 수 있는 법적 기반을 마련할 필요성이 크다.

디지털 권리

현재 헌법에는 디지털 시대에 필요한 새로운 기본권들이 명확하게 규정되어 있지 않다. 알권리(현재 헌법 제21조의 언론·출판의 자유에서 도출), '개인정보 자기결정권(현재 헌법 제17

조의 사생활의 비밀과 자유에서 도출)'과 같은 디지털 시대의 기본권들에 관한 독립적이고 자세한 명문 규정을 신설할 필요가 있다.

'알권리'는 정보를 얻고 공유할 수 있는 권리이며, '개인정보 자기결정권'은 자신의 정보를 스스로 통제할 수 있는 권리이다. 이러한 권리들은 현재 헌법 조항에서 해석을 통해 도출되고 있지만, 명확한 규정이 없어 법적 안정성이 부족하다. 급변하는 디지털 시대에 맞춰 헌법을 개정하고, 새로운 기본권들을 명확하게 규정해야 할 것이다.

정보사회와 정보기본권

현행헌법에는 '알권리'와 '개인정보 자기결정권'에 대한 명문 규정이 없다. 헌법재판소는 언론·출판의 자유(제21조)와 사생활의 비밀과 자유(제17조) 조항을 통해 이러한 권리들을 도출해 해석하고 있다. 하지만 정보화 시대의 급격한 변화를 반영하기에는 한계가 있다.

개정안

제OO조 ①모든 사람은 알권리를 가진다. ②모든 사람은 자신에 관한 정보를 보호받고 그 처리에 관하여 통제할 권리를 가진다. ③국가는 정보의 독점과 격차로 인한 폐해를 예방하고 시정하기 위하여 노력하여야 한다.

정보사회에서 알권리와 개인정보 자기결정권은 매우 중요한 기본권이다. 이러한 권리들을 명시적으로 규정하여 국민의 권리 보호를 강화해야 한다. 또한 정보 격차와 소외 문제는 정보화 시대의 심각한 문제이다. 국가가 정보 격차 해소와 정보 독점 문제 해결을 위해 노력해야 함을 헌법에 명시해야 한다.

제시한 개정안은 정보사회에서 국민의 기본권을 강화하고, 정보 격차 해소를 위한 국가의 책임을 명확히 한다. 특히 정보 격차로 인해 소외되는 계층을 보호하고, 정보 접근성을 높이는 데 기여할 수 있을 것이다. 모든 국민이 정보사회에서 동등한 권리를 누리고, 소외되지 않도록 보호할 수도 있다.

AI와 법

AI가 학습하는 개인정보에 대한 개인정보 자기결정권(현재 헌법 제17조의 사생활의 비밀과 자유에서 도출)에 관한 명문 규정을 신설하고, AI 시대에 저작물의 저작권(현재 헌법 제22조 제2항의 "저작자·발명가·과학기술자와 예술가의 권리는 법률로써 보호한다"는 규정이 있지만)에 관해 보다 상세하고 독립적인 명문 규정을 헌법에 신설할 필요가 있다.

AI는 방대한 양의 정보를 학습하여 결과를 도출하는데, 이 정보에는 개인정보도 포함될 수 있다. 인터넷에 떠도는 개인정보를 AI가 학습하는 것은 개인정보 자기결정권을 침해할 수 있다. 개인정보 자기결정권은 자신의 정보를 스스로 통제할 수 있는 권리이다. 현재 헌법에는 이 권리에 대한 명확한 규정이 없으므로, AI 시대에 맞춰 명시적인 규정을 신설해야 할 필요가 있다.

AI는 다양한 저작물을 학습하여 새로운 결과물을 생성한다. 이는 저작권과 관련된 문제를 야기할 수 있다. 현재 헌법에는 저작권에 대한 규정만 있을 뿐, AI 시대의 복잡한 저작권 문제를 해결하기에는 부족하다. 따라서 AI가 학습하는 저작물에 대한 저작권 보호 규정을 헌법에 구체적으로 명시해야 한다. AI가 학습하는 데이터에 대한 출처 표기에 대한 법적인 규율도 필요하다.

AI 기술의 발전으로 인해 개인정보 자기결정권과 저작권에 대한 새로운 쟁점들이 발생하고 있다. 현재 헌법으로는 이러한 쟁점들을 해결하기 어렵다. 헌법개정을 통하여 AI 시대에 맞는 새로운 규정을 마련해야 한다.

기후 변화 등

현재 헌법에도 환경권과 재해로부터 보호받을 권리가 있지만, 기후 변화에 적극적으로 대응하기에는 부족하다. 따라서 기후 변화로부터 보호받을 권리를 헌법에 명확하게 명시하고, 구체적인 내용을 담아야 한다.

> 헌법 제34조 제6항 국가는 재해를 예방하고 그 위험
> 으로부터 국민을 보호하기 위하여 노력하여야 한다.
> 헌법 제35조 ①모든 국민은 건강하고 쾌적한 환경
> 에서 생활할 권리를 가지며, 국가와 국민은 환경보
> 전을 위하여 노력하여야 한다. ②환경권의 내용과
> 행사에 관하여는 법률로 정한다.

우리 헌법 제35조는 모든 국민이 쾌적한 환경에서 살 권리, 즉 환경권을 보장한다. 또한 제34조는 국가가 재해를 예방하고 국민을 보호해야 할 의무를 규정한다. 이 조항들을 통해 정부는 기후 변화로 인한 환경권 침해와 재해로부터 국민을 보호해야 할 의무를 진다.

현재 헌법의 관련 조항들은 기후 변화라는 구체적인 문제에 직접적으로 대응하기에는 다소 추상적이고 간접적이다. 기후 변화로 인한 자연재해가 점점 심각해지는 상황에서, 현재의 규정만으로는 국민을 충분히 보호하기 어렵다.

기후 변화로부터 국민을 보호할 권리를 헌법에 명확하게 명시해야 한다. 예를 들어 깨끗한 공기, 깨끗한 물, 안전한 식량 등에 대한 권리를 구체적으로 규정할 수 있다. 또한 국가의 기후 변화 대응 의무를 더욱 강화하고, 국민의 참여를 보장하는 내용도 포함할 수 있다. 기후 변화에 관한 재판이 증가하는 추세에서 명확한 헌법 조항은 재판의 근거가 될 수 있다.

기후 변화가 점점 더 생존의 문제가 되고 있는 만큼 기후 변화로부터 보호받을 권리는 독립 규정으로 헌법에 명문화하고 더 자세히 규정할 필요가 있다.

위험사회와 안전권

위험이 증가하는 현대 사회에서 국민의 안전을 보장하기 위한 '안전권'을 헌법에 명시하는 것의 필요성이 증가하고 있다. 기후 변화로 인한 자연재해, 전염병 확산 등 다양한 위험이 일상생활을 위협하고 있다. 과거와 달리 예측하기 어렵고 광범위한 피해를 주는 위험들도 증가하고 있다.

현행헌법 제34조 제6항에서 "국가는 재해를 예방하고 그 위험으로부터 국민을 보호하기 위하여 노력하여야 한다"고 규정하여 '재해로부터 보호받을 권리'를 선언적으로 규정하고 있기는 하나 더 넓은 의미의 '안전권'을 기본권으로 신설할 필요성이 크다.

개정안

(제1안) 제○○조 ①모든 국민은 위험으로부터 안전하게 살 권리를 가진다. ②국가는 재해를 예방하고 그 위험으로부터 사람을 보호하여야 한다.

(제2안) 제○○조 ①모든 사람은 위험으로부터 안전할 권리를 가진다. ②국가는 재해 및 모든 형태의 폭력에 의한 피해를 예방하고, 그 위험으로부터 사람을 보호하기 위하여 노력하여야 한다.(국회자문위원회안)

국민의 생명과 신체의 안전을 보장하기 위해 '안전권'을 기본권으로 헌법에 명시해야 한다. 이는 재해뿐만 아니라 모든 형태의 위험과 폭력으로부터 국민을 보호하기 위한 국가의 책임을 강화하는 것이다.

제안한 개정안은 국민의 안전을 국가의 최우선 과제로 명시하고, 다양한 위험으로부터 국민을 보호하기 위한 국가의 책임을 강화한다. 특히 사회적 약자를 보호하고, 안전한 사회를 건설하는 데 기여할 수 있을 것이다. 위험이 증가하는 현대 사회에서 국민의 안전을 보장하기 위해 안전권을 헌법에 명시하면, 이를 통해 국가는 다양한 위험으로부터 국민을 보호하고, 안전한 사회를 건설하기 위한 책임을 다할 수 있다.

배심재판의 근거 조항 신설

배심재판을 헌법에 명시하여 사법 민주화를 이루고, 국민 참여 재판의 법적 효력을 강화할 필요가 있다. 현행헌법은 제27조 제1항에서 '헌법과 법률이 정한 법관에 의하여 법률에 의한 재판을 받을 권리'를 규정하고, 제101조 제1항은 '사법권은 법관으로 구성된 법원에 속한다'고 규정하고 있다. 법관에 의한 재판을 받을 권리를 규정하고 있어, 배심재판의 법적 근거가 미흡하다. 이로 인해 현재 시행 중인 국민 참여 재판은 배심원의 평결이 법적 구속력을 갖지 못하고, 권고적 효력만 지니게 된다. 배심재판의 헌법적 근거가 없어 그 재판에 법적 구속력을 부여할 경우 위헌이라는 주장까지 제기되고 있다.

> 개정안
> 국민은 법률이 정하는 바에 따라 배심 또는 그 밖의
> 방법으로 재판에 참여할 수 있다.(국회자문위원회안)

사법 민주화를 실현하고 국민의 사법 참여를 확대하기 위해 배심재판의 헌법적 근거를 마련해야 한다. 배심원의 판결에 법적 구속력을 부여하여 국민의 의견이 재판 결과에 실질적으로 반영될 수 있도록 해야 한다.

제안한 개정안은 국민이 법률에 따라 배심 또는 참심 등

다양한 방식으로 재판에 참여할 수 있도록 규정함에 따라 사법권의 민주적 정당성을 강화하고, 국민의 법 감정을 재판에 반영하여 사법 신뢰를 높이는 데 기여할 수 있다. 또한 국민의 다양한 의견을 수렴하여 보다 공정하고 투명한 재판을 실현하는 데 도움이 될 수 있다.

이 제안은 미국식 배심제뿐만 아니라 독일식 참심제 등 다양한 국민 참여 재판 방식을 도입할 수 있는 근거를 마련한다. 배심재판의 헌법적 근거를 마련하는 개헌은 사법 민주화를 위한 중요한 발걸음이다. 국민의 사법 참여를 확대하고, 보다 공정하고 투명한 재판을 실현할 수 있다.

매일이 헌법이다

헌법은 국민 모두가 만든 법이다. 법률은 국민의 대표인 국회의원들이 만들지만, 헌법은 주권자인 국민이 직접 만든 법인 것이다. 따라서 헌법의 해석도 국민 모두의 몫이다. 헌법의 해석은 힘을 갖는다. 개인의 헌법 해석은 사회 변화를 이끌고 헌법재판소의 판례에도 영향을 미칠 수 있다. 헌법의 힘은 헌법학자들의 이론이나 헌법재판소 판례에서 나오는 것이 아니라 헌법을 필요로 하는 각자의 해석과 주장이 만들어내는 희망에서 나온다. 헌법 전문가들의 헌법학적 해석이나 헌법재판소의 헌법 판례에 따른 헌법도 있지만, 실은 국민 각자가 헌법을 해석하고, 자기 생활의 분야에서 헌법을 적용하면서 살아갈 수 있는 것이다. 이때 헌법조항 하나하나는 국민 각자에게 적용된다.

국민 각자가 헌법적 존재임을 주장하라고 만든 것이 헌법이다. 따라서 한 사람이 일상생활에서 위헌적 요소가 있다고 판단되는 문제를 주장하거나 해결하는데 헌법은 얼마든지 활용될 수 있다. 헌법 전문가나 헌법재판소 판례에 크게 기댈 필요도 없다. 모든 국민이 주권자로서 헌법 소책자를 한 권씩 들고 다니면서 불합리하거나 부조리한 것을 볼 때마다 헌법 조항을 근거로 주장을 펼치면 된다. 각자의 분야에서 그것이 크건 작건 국민 각자에게 주어졌을 때, 헌법적 가치에 따른 소신과 내면의 양심에 따른 헌법적 주장을 편다면, 그것이 헌법이다. 그런 의미에서 2024년 12월 3일 윤 대통령의 위헌·위법한 비상계엄 선포 이후 오늘에 이르기까지 대한민국 헌법은 국민에 의해 다시 쓰이고 있다. 헌법 조항은 평범한 사람도 읽고 음미하며 충분히 생활에 응용할 수 있는 것이며, 비뚤어진 현실을 비판하는 근거로 삼을 수 있는 것이다. 또한 국민이 부조리하고 불합리한 상황마다 해당 헌법 조항을 들어 시정을 요구함으로써 우리 사회 구석구석을 제대로 변화시켜 나가야 한다. 그것이 자유민주주의 국가인 대한민국 주권자로서의 국민의 바람직한 자세이다.

앞서 살펴본 낙태죄 폐지 사례처럼, 헌법은 개인의 자기결정권과 같은 기본권을 보호하고 사회 변화를 이끌어낸다. 따라서 헌법을 잘 아는 것은 국민으로서 중요한 권리이자 의무이다. 헌법재판소는 헌법에 대한 유권적 해석을 담당한다. 헌법학자들은 헌법에 대한 이론적 해석을 제시한다. 하지만 헌법 해석의 진정한 힘은 국민 개개인의 해석과 주장에서 나온다. 국민의 새로운 헌법 해석은 시대 변화를 반영하며, 헌법학자의 이론과 헌법재판소의 판례를 변화시키는 원동력이 된다.

간통죄 위헌결정 사례에서 볼 수 있듯, 과거 보수적인 시대에는 일부일처제 유지와 선량한 성 풍속 유지가 중요했다. 하지만 시대 변화에 따라 성적 자기결정권에 대한 인식이 확대되었다. 국민들의 헌법 해석 변화가 축적되어 헌법재판소의 간통죄 위헌결정에 영향을 미친 것이다. 개인의 헌법 해석이 헌법재판소의 유권적 해석으로 이어질 수 있음을 보여주는 사례이다.

헌법적 가치를 삶에 적용하는 방법도 있다. 예를 들어 배우자나 애인의 휴대폰을 확인하고 싶은 경우에도 헌법적 가치와 원칙을 고려할 수 있다. 과잉금지의 원칙이란 국가가 국민의 기본권을 제한할 때 필요한 원칙으로, 목적의 정당성, 수단의 적합성, 침해의 최소성, 법익의 균형성이라는 네 가지 요건을 충족해야 한다. 내가 타인의 권리를 침해할 수 있는 상황에서도 이를 적용해볼 수 있겠다.

사례 분석: 상대방의 휴대폰을 몰래 보는 행위

● 쟁점

상대방의 휴대폰을 몰래 보는 행위가 과잉금지 원칙을 위반하여 사생활의 비밀과 자유를 침해하는지 여부

● 과잉금지 원칙

– 목적의 정당성: 상대의 바람 여부를 확인하는 것은 '관계의 신뢰 유지'라는 정당한 목적을 가질 수 있다.

– 수단의 적합성: 휴대폰을 확인하는 것은 바람 여부를 확인하는 '직접적인' 수단이 될 수 있다.

– 침해의 최소성: 하지만 휴대폰을 보는 것은 상대방의 '사생활의 비밀과 자유'를 과도하게 침해할 수 있다. 바람 여부를 확인할 수 있는 다른 덜 침해적인 수단들이 존재할 수 있다. 예를 들어 솔직한 대화, 주변 사람들의 증언, 간접적인 증거 확보 등이다.

– 법익의 균형성: 바람 확인이라는 사익이 상대방의 사생활 침해라는 공익보다 크다고 보기 어렵다.

● 나의 판단: 보지 않는다

상대방의 휴대폰을 보는 행위는 목적의 정당성과 수단의 적합성은 충족할 수 있지만, 침해의 최소성과 법익의 균형성을 충족하지 못할 가능성이 높다. 따라서 휴대폰을 몰래 보지 않기로 한다.

상대방의 사생활을 존중하면서 자신의 권리를 행사하는 조화로운 방법을 찾아야 한다. 아마도 가장 이상적인 방법은 상대에게 솔직하게 물어보는 방법일 것이다. 아니면 침해의 최소성을 고려해 통화 목록만 제한해서 볼 수도 있다. 농담처럼 휴대폰을 몰래 보고 싶어 하는 사례를 분석해보았지만, 실제로 삶에서 내가 어떤 선택의 순간 혹은 결단을 내려야 하는 상황이 왔을 때, 헌법적 가치들을 통해서 내 생각을 정리해보고 행동을 정하는 헌법적인 삶을 실천할수 있다. 자신의 자유를 추구하되 타인의 자유를 침해하거나 방해하지 않는 한도 내에서 행동하는 것이 헌법적 사고의 핵심이다.

내 삶의 제헌헌법

오랜 시간 헌법 법전을 펴고 공부하다가 눈이 피곤해지면 가끔 하늘을 올려다본다. 그리고 윤동주 시인의 〈서시〉를 떠올린다. "죽는 날까지 하늘을 우러러 / 한 점 부끄럼이 없기를, / 잎새에 이는 바람에도 / 나는 괴로워했다." 못난 법학자의 습성은 이런 생각을 하게 만든다. 도대체 시인은 무엇을 윤리적 기준으로 삼고 부끄럽다고 느끼거나 괴로워했을까. 나는 내 삶에 어떤 기준을 삼고 살아가고 있을까. 나는 내가 했던 이런 고민이 결국 헌법의 고민이라고 생각한다. 무엇을 기준으로 살아갈 것인가. 그 어떤 상황이나 변수에도 쉽게 흔들리지 않을 명징한 원칙을 쓰는 것. 그것이 헌법이지 않을까.

내가 만약 내 삶의 헌법을 만들 수 있다면 이렇게 쓰겠다.

제1조 인간의 존엄과 가치

나는 나 자신을 존중하고, 나의 삶을 가치 있게 만들 권리가 있다. 어떠한 환경에서도 스스로를 폄하하지 않으며, 내 존재를 긍정하는 것이 가장 중요한 원칙이다. (헌법 제10조 적용)

나는 "사람이란 존재는 그 자체로 존귀합니다"라는 말을 늘 강의에서 강조한다. 우리는 종종 사회적 역할이나 성취로 자신을 평가하려 하지만, 헌법이 보장하는 인간의 존엄성은 조건이 없다. 나는 매일 아침 출근길에 마주치는 경비원 선생님과 카페 사장님에게도 이 생각을 떠올린다. 그분들이 하는 일이 무엇이든, 그 존재 자체로 존엄한 것이다. 나 또한 마찬가지이다.

제2조 자유와 책임

나는 자유롭게 생각하고 표현할 권리를 가진다. 그러나 나의 자유는 타인의 자유와 충돌하지 않도록 신중하게 행사해야 하며, 내가한 말과 행동에 대한 책임을 진다. (헌법 제21조 적용)

법학을 공부하다 보면 자유라는 단어가 가장 먼저 떠오른다. 그러나 자유는 방종이 아니다. 나는 주말이면 공원에서 조깅을 하는데, 그곳엔 어린아이들도 뛰어논다. 내 자유를 내세워 마구 달리다가 아이들과 부딪히면 안 될 것이다. 자유는 책임을 동반한다. 그래서 이 조항이 중요하다.

제3조 평등과 공정

나는 불합리한 차별 없이 존중받을 권리가 있으며, 나 또한 타인을 차별하지 않는다. 기회의 평등을 추구하며, 사회적 관계에서도 공정함을 잊지 않는다. (헌법 제11조 적용)

50대 후반이 되면서 더욱 느끼지만, 세상은 본래 불공정한 요소가 많다. 하지만 법학자로서, 그리고 시민으로서, 나는 공정함을 지향하려 한다. 대학 시절 도서관에서 공부하던 친구 중엔 같은 노력에도 더 많은 기회를 얻는 사람이 있었다. 우리는 완벽한 평등을 보장받진 못하지만, 불합리한 차별을 바로잡으려는 노력은 할 수 있다.

제4조 배움과 성장

나는 끊임없이 배우고 성장할 권리를 가진다. 나의 발전을 위해 학문과 예술을 탐구하며, 타인의 배움과 성장을 방해하지 않는다. (헌법 제22조 적용)

가끔 학생들이 "교수님, 공부는 언제 끝납니까?"라고 묻는다. 나는 웃으며 대답한다. "죽을 때까지." 배움은 학생들만의 것이 아니다. 나도 출근길에 팟캐스트로 새로운 학문을 듣고, 퇴근 후에는 미술 전시회를 간다. 배움은 계속되어야 한다.

제5조 사생활과 안정

나는 나만의 공간과 사생활을 보호받을 권리가 있다. 나의 감정과

생각을 스스로 정리할 시간을 보장받으며, 타인의 사적인 영역도 존중한다. (헌법 제17조 적용)

나는 서재를 매우 중요하게 여긴다. 서재 문을 닫고 책을 읽으며 조용한 시간을 보내는 것이야말로 나를 위한 재충전이다. 누구에게나 그런 공간과 시간이 필요하다. 스마트폰 알람이 울리지 않는 조용한 시간, 그 시간을 지키는 것이 바로 이 조항의 의미이다.

제6조 건강과 휴식

나는 건강한 삶을 유지할 권리를 가진다. 이를 위해 균형 잡힌 생활을 유지하며, 충분한 휴식을 취하고, 스트레스로부터 스스로를 보호할 방법을 찾아야 한다. (헌법 제36조 적용)

몇 년 전 건강이 악화된 적이 있다. 밤늦게까지 논문을 쓰고 강의를 준비하면서 몸을 돌보지 못했다. 이후 건강이 곧 삶의 질을 결정한다는 사실을 깨달았다. 휴식도 권리다. 독자 여러분도 너무 바쁘게 살지 말고, 충분한 휴식을 취해가면서 살기를 바란다.

제7조 일과 경제적 자율성

나는 직업을 선택하고 경제적 자율성을 누릴 권리가 있다. 경제적 독립은 내 삶의 안정과 존엄을 위한 중요한 요소이며, 이를 위해 계획적으로 생활한다. (헌법 제15조, 제23조 적용)

젊었을 땐 돈보다 꿈이 중요하다고 생각했다. 그러나 나이가 들면서 경제적 안정이 삶의 존엄과도 연결된다는 걸 깨닫는다. 학생들에게도 이야기한다. "네 꿈을 좇되, 생계도 챙겨라." 경제적 자율성은 선택의 자유를 준다.

제8조 사회적 연대와 나눔

나는 타인과 함께 살아가는 존재이며, 공동체와 연대할 책임이 있다. 가능한 한 도움을 주고받으며, 나의 지식과 경험을 타인과 나누는 것을 기쁨으로 여긴다. (헌법 제34조 적용)

학창 시절엔 나눔이 거창한 것처럼 여겨졌다. 그러나 나이가 들면서 따뜻한 말 한마디도 나눔이라는 것을 깨닫는다. 버스에서 교통약자에게 자리를 양보하는 일, 후배에게 조언을 건네는 일, 모두 연대의 실천이다.

제9조 정의와 양심

나는 옳다고 믿는 가치를 지키며 살아간다. 부당한 상황에서는 침묵하지 않고, 공정한 선택을 하며, 내 양심에 따라 행동한다. (헌법 제19조 적용)

법학자로서 정의라는 단어를 자주 쓰는데, 정의는 거창한 것이 아니다. 길에서 본 작은 불의에 침묵하지 않는 것, 부당한 상황에서 '아니요'라고 말하는 것, 그것이 정의다.

제10조 행복추구

나는 행복을 추구할 권리가 있으며, 나만의 방식으로 삶의 의미를 찾는다. 행복을 위해 무엇이 필요한지 끊임없이 고민하며, 주어진 시간 속에서 나다운 삶을 만들어간다. (헌법 제10조 적용)

강의 때마다 학생들에게 묻는다. "여러분, 행복하십니까?" 그런데 대답이 쉽지는 않다. 사실 행복은 우리에게 주어진 권리이다. 나만의 행복이 무엇인지 찾고, 그 길을 가는 것이 중요하다. 나는 주말마다 자전거를 탄다. 여러분의 행복은 무엇인가?

부칙

이 헌법의 조항들은 상황에 따라 수정될 수 있으며, 나의 가치관과 환경 변화에 따라 발전한다.

나의 삶을 존중하는 한, 타인의 삶도 동일하게 존중하며, 상호 존중의 원칙을 따른다.

이 헌법은 나의 삶을 윤리적으로 지탱하는 기반이 되며, 내 삶을 풍요롭게 만들기 위한 지침으로 삼는다.

헌법은 단순한 법률적 규범을 넘어, 우리 삶에서 실질적인 나침반 역할을 한다.

헌법적 가치를 바탕으로 자신의 삶을 성찰하고, 삶의 방향성을 설정하는 과정은 자기 자신을 더 깊이 이해하고 성장하는 데 도움이 된다. 독자 여러분도 내 인생의 헌법을 한번 써보고, 이를 통해 삶의 중요한 순간에 올바른 판단을 내리고, 후회 없는 삶을 살아갈 수 있도록 안내하는 나침반 역할을 할 수 있다.

내 인생의 헌법을 써보는 것은 헌법적 가치를 내면화하고, 주체적이고 책임감 있는 삶을 살아가는 데 중요한 의미를 지닐 수 있을 것이다. 대한민국의 모든 권력은 국민으로부터 나오며, 당신이 헌법이다. 나의 일상을 지키고 내일을 바꾸는 것이 헌법이다.

KI신서 13589
당신이 헌법이다

1판 1쇄 인쇄 2025년 5월 19일
1판 1쇄 발행 2025년 5월 28일

지은이 임지봉
펴낸이 김영곤
펴낸곳 ㈜북이십일 21세기북스

인생명강팀장 윤서진 **인생명강팀** 박강민 유현기 황보주향 심세미 이수진 이현지
디자인 김희림
출판마케팅팀 남정한 나은경 한경화 권채영 최유성 전연우
영업팀 한충희 장철용 강경남 황성진 김도연
제작팀 이영민 권경민

출판등록 2000년 5월 6일 제1406-2003-061호
주소 (10881) 경기도 파주시 회동길 201 (문발동)
대표전화 031-955-2100 **팩스** 031-955-2151 **이메일** book21@book21.co.kr

㈜북이십일 경계를 허무는 콘텐츠 리더

21세기북스 채널에서 도서 정보와 다양한 영상자료, 이벤트를 만나세요!
페이스북 facebook.com/jiinpill21   포스트 post.naver.com/21c_editors
인스타그램 instagram.com/jiinpill21   홈페이지 www.book21.com
유튜브 youtube.com/book21pub

서울대 가지 않아도 들을 수 있는 **명강**의! 〈서가명강〉
'서가명강'에서는 〈서가명강〉과 〈인생명강〉을 함께 만날 수 있습니다.
유튜브, 네이버, 팟캐스트에서 '서가명강'을 검색해보세요!

ⓒ 임지봉, 2025
ISBN 979-11-7357-299-9 04300
    978-89-509-9470-9 (세트)

심리

권일용 저 │『내가 살인자의 마음을 읽는 이유』
권수영 저 │『관계에도 거리두기가 필요합니다』
한덕현 저 │『집중력의 배신』

경제

김영익 저 │『더 찬스 The Chance』
한문도 저 │『더 크래시 The Crash』
김두얼 저 │『살면서 한번은 경제학 공부』

과학

김범준 저 │『내가 누구인지 뉴턴에게 물었다』
김민형 저 │『역사를 품은 수학, 수학을 품은 역사』
장이권 저 │『인류 밖에서 찾은 완벽한 리더들』

인문/사회

김학철 저 │『허무감에 압도될 때, 지혜문학』
정재훈 저 │『0.6의 공포, 사라지는 한국』
권오성 저 │『당신의 안녕이 기준이 될 때』

고전/철학

이진우 저 │『개인주의를 권하다』
이욱연 저 │『시대를 견디는 힘, 루쉰 인문학』
이시한 저 │『아주 개인적인 군주론』

헌법학자 임지봉 교수의

윤석열 대통령 파면 선고문 요지 해설

주문

"피청구인 대통령 윤석열을 파면한다."

선고 시각: 2025년 4월 4일 오전 11시 22분

01

계엄 선포의 위법성 中

"그런데 피청구인이 주장하는 국회의 권한행사로 인한 국정 마비 상태나 부정선거 의혹은 정치적·제도적·사법적 수단을 통하여 해결하여야 할 문제이지 병력을 동원하여 해결할 수 있는 것이 아닙니다."

▶ 대한민국은 민주주의 국가라는 선언

국회의 탄핵소추나 예산 심의는 입법부의 정당한 헌법적 권한이며, 그로 인해 국정이 혼란스러워 보인다 하더라도, 그것은 정치가 민주적으로 작동하고 있다는 증거다. 이를 이유로 병력을 투입하는 것은 정치를 무력으로 대체하겠다는 선언과 같다. 헌법은 갈등의 해소를 위해 무기를 허용하지 않고, 대화와 절차를 고집스럽게 요구한다. 민주공화국은 힘이 아니라 합의로 나아가는 나라다.

국회에 대한 군경 투입 中

"피청구인은 국회의 권한행사를 막는 등 정치적 목적으로 병력을 투입함으로써, 국가 안전보장과 국토방위를 사명으로 하여 나라를 위해 봉사하여온 군인들이 일반 시민들과 대치하도록 만들었습니다.

이에 피청구인은 국군의 정치적 중립성을 침해하고 헌법에 따른 국군통수의무를 위반하였습니다."

▶ 총구가 향한 곳이 시민이었다면, 국군은 그날 헌법을 떠났다

군은 정치적 중립을 생명으로 삼는다. 총은 외부의 침략자를 향해야지, 국민을 향해서는 안 된다. 그날 군인은 더 이상 국방의 주체가 아니라 권력의 도구가 되었고, 병력은 국회에 대치하여 조국이 아니라 정권을 지켰다. 통수권자는 군의 사명을 지켜야 할 사람이지, 흔들어선 안 된다. 정치적 목적을 위해 군을 사용한 순간, 그는 헌법에 명시된 '민주적 통제'를 배반한 것이다.

03

포고령의 위법성 中

"비상계엄하에서 기본권을 제한하기 위한 요건을 정한 헌법 및 계엄법 조항, 영장주의를 위반하여 국민의 정치적 기본권, 단체행동권, 직업의 자유 등을 침해하였습니다."

▶ 계엄은 법 위의 면죄부가 아니다

비상 상황이란 이름으로 헌법이 보장한 기본권을 침해할 수는 없다. 헌법이 보장하는 자유와 기본권은 인간의 존엄성과 연결된 권리다. 피청구인은 이러한 권리를 법률상 근거 없이 제한했고 이는 국가의 긴급성이 아니라 권력자의 임의성을 반영한 조치였다. 진정한 법치는 위기의 순간에도 원칙을 지킨다. 그 원칙을 무너뜨릴 권한은 누구에게도 없다.

04

법조인에 대한 위치 확인 시도 中

"이는 현직 법관들로 하여금 언제든지 행정부에 의한 체포 대상이 될 수 있다는 압력을 받게 하므로, 사법권의 독립을 침해한 것입니다."

▶ 법관의 마음에 그림자를 드리운다면, 법정은 더 이상 민주주의의 현장이 아니다

헌법은 사법부의 독립을 공기처럼 당연하게 요구한다. 그런데 판사가 정권의 눈치를 보고, 수갑을 걱정해야 하는 상황이라면, 판결은 정의가 아니라 공포의 산물이 된다. 법이 권력을 감시하지 못하고 권력이 법을 조정한다면, 민주주의는 껍데기만 남는다. 사법의 독립은 시민의 자유를 위한 마지막 보루다. 그것이 흔들릴 때, 모두의 권리는 함께 무너진다. 법관은 오직 개인의 양심과 국민의 상식을 판단 기준으로 삼아야 한다.

위헌 행위의 중대성 판단 中

"피청구인은 국회와의 대립 상황을 타개할 목적으로 이 사건 계엄을 선포한 후 군경을 투입시켜 국회의 헌법상 권한행사를 방해함으로써 국민주권주의 및 민주주의를 부정하고, 병력을 투입시켜 중앙선관위를 압수·수색하도록 하는 등 헌법이 정한 통치구조를 무시하였으며, 이 사건 포고령을 발령함으로써 국민의 기본권을 광범위하게 침해하였습니다."

▶ 국민 위에 군림하려는 시도는 민주주의의 가장 극단적 부정이다

군경의 국회 진입, 중앙선관위에 대한 무장 압수수색, 포고령을 통한 국민 기본권 침해. 이 일련의 조치는 헌법이 설정한 통치구조를 무시한 폭력적 공권력 행사이다. 국민의 대표기관을 무력으로 제압하고, 선거의 공정성을 훼손한 것은 민의의 통로를 봉쇄한 것이며, 민주주의의 숨통을 끊는 일이었다. 헌법은 권력을 국민으로부터 나오는 것으로 규정한다. 그 줄기를 자른 자는 대통령일 수 없다.

위헌 행위의 중대성 판단 中

"한편 국회가 신속하게 비상계엄 해제 요구 결의를 할 수 있었던 것은 시민들의 저항과 군경의 소극적인 임무 수행 덕분이었으므로, 이는 피청구인의 법 위반에 대한 중대성 판단에 영향을 미치지 않습니다."

▶ 시민의 양심과 병사의 침묵이 민주주의를 지켰다

탄핵은 국회가 결정했지만, 그 기반은 거리의 시민들과 총을 겨누지 않은 군경의 조용한 저항이었다. 명령이 내려졌지만, 완전히 실행되지 않았기에 민주주의는 숨을 이어갈 수 있었다. 이는 헌법의 명시적 조항이 아닌, 공동체의 양심이 작동한 결과다. 역사적 비극으로 각인된 사회 전체의 무의식적 합의, 한강 작가가 말한 죽은 자가 산 자를 살린 현장이었다. 헌법은 활자 위에 있지만, 그것을 지탱하는 것은 시민의 의지다. 그것이 법 위반의 중대성을 감경시키지 않는 이유다.

위헌 행위의 중대성 판단 中

"그러나 피청구인과 국회 사이에 발생한 대립은 일방의 책임에 속한다고 보기 어렵고, 이는 민주주의 원리에 따라 해소되어야 할 정치의 문제입니다. 이에 관한 정치적 견해의 표명이나 공적 의사 결정은 헌법상 보장되는 민주주의와 조화될 수 있는 범위에서 이루어져야 합니다. 피청구인은 국민의 대표인 국회를 협치의 대상으로 존중하였어야 합니다. 그럼에도 불구하고 피청구인은 국회를 배제의 대상으로 삼았는데 이는 민주정치의 전제를 허무는 것으로 민주주의와 조화된다고 보기 어렵습니다."

▶ 민주주의는 동의 없는 통치를 허용하지 않는다

정치적 대립은 민주주의의 본질이다. 피청구인은 대립을 문제 삼았지만, 헌법은 그것을 문제로 보지 않는다. 충돌은 자연스러운 것이며, 그것이 제도 안에서 순환되고 조정되어야 한다. 견해 차이를 비상계엄을 통해 병력으로 누르려는 시도는 헌법의 영역을 벗어난 것이고, 표현의 자유와 정치적 권리를 억누르려는 행위다. 민주주의는 시끄럽지만, 그 시끄러움 속에 자유가 살아 숨 쉰다.

위헌 행위의 중대성 판단 中

"피청구인은 취임한 때로부터 약 2년 후에 치러진 국회의원 선거에서 피청구인이 국정을 주도하도록 국민을 설득할 기회가 있었습니다. 그 결과가 피청구인의 의도에 부합하지 않더라도 야당을 지지한 국민의 의사를 배제하려는 시도를 하여서는 안 되었습니다."

▶ 국민의 선택은 권력자가 평가할 대상이 아니다

선거는 주권자의 뜻을 묻는 것이다. 그 결과가 통치자의 뜻에 맞지 않는다고 하여, 그 뜻을 바꾸려는 시도는 민주주의에 대한 배반이다. 야당을 선택한 국민은 적이 아니라 또 다른 미래의 주체다. 대통령은 전국민의 대통령이지, 자신을 지지한 일부 국민만의 대통령이 되어선 안 된다. 그 선을 넘는 순간, 국정 운영은 통치가 아니라 통제, 소통이 아니라 억압이 된다.

09

위헌 행위의 중대성 판단 中

"피청구인의 법 위반행위가 헌법 질서에 미친 부정적 영향과 파급효과가 중대하므로, 피청구인을 파면함으로써 얻는 헌법 수호의 이익이 대통령 파면에 따르는 국가적 손실을 압도할 정도로 크다고 인정됩니다."

▶ 헌법을 수호한다는 것은 때로 손실을 감수하는 일이다

대통령 파면은 결코 가벼운 결정이 아니다. 그것이 초래할 국가적 손실은 명백하다. 그러나 그보다 더 큰 손실은, 대통령의 헌법 위반을 묵인함으로써 발생하는 시민의 신뢰 붕괴다. 피청구인의 행위는 단절 없는 반복으로 이어졌으며, 그로 인한 헌정질서의 훼손은 회복 불가능한 수준에 이르렀다. 헌법은 단호한 결정을 요구했다. 그 결단은 권력자가 아닌, 헌법이 내린 것이다.

10

결론

"이에 재판관 전원의 일치된 의견으로 주문을 선고합니다.
탄핵 사건이므로 선고 시각을 확인하겠습니다. 지금 시각은 오
전 11시 22분입니다.
주문 피청구인 대통령 윤석열을 파면한다."

▶ "윤석열을 파면한다"는 한 문장이 울리는 시대의 경종

결정의 마지막 문장은 무겁고 조용하지만, 동시에 가장 강력한 울림을 지닌다. 그것은 정치적 보복이 아니라, 헌법의 응답이다. 국민의 이름으로 부여된 권한이 국민의 뜻을 배반했을 때, 법은 그 권한을 회수한다. 오전 11시 22분, 이 문장이 울렸을 때, 민주주의는 스스로를 지켜냈고, 법치는 그 고요한 힘을 세상에 드러냈다.

대한민국 헌법 전문

대한민국헌법

―――――――

〔시행 1988. 2. 25.〕〔헌법 제10호, 1987. 10. 29., 전부개정〕

전문

유구한 역사와 전통에 빛나는 우리 대한국민은 3·1운동으로 건립된 대한민국임시정부의 법통과 불의에 항거한 4·19민주이념을 계승하고, 조국의 민주개혁과 평화적 통일의 사명에 입각하여 정의·인도와 동포애로써 민족의 단결을 공고히 하고, 모든 사회적 폐습과 불의를 타파하며, 자율과 조화를 바탕으로 자유민주적 기본질서를 더욱 확고히 하여 정치·경제·사회·문화의 모든 영역에 있어서 각인의 기회를 균등히 하고, 능력을 최고도로 발휘하게 하며, 자유와 권리에 따르는 책임과 의무를 완수하게 하여, 안으로는 국민생활의 균등한 향상을 기하고 밖으로는 항구적인 세계평화와 인류공영에 이바지함으로써 우리들과 우리들의 자손의 안전과 자유와 행복을 영원히 확보할 것을 다짐하면서 1948년 7월 12일에 제정되고 8차에 걸쳐 개정된 헌법을 이제 국회의 의결을 거쳐 국민투표에 의하여 개정한다.(1987년 10월 29일)

제1장 총강

제1조 ① 대한민국은 민주공화국이다.

② 대한민국의 주권은 국민에게 있고, 모든 권력은 국민으로부터 나온다.

제2조 ① 대한민국의 국민이 되는 요건은 법률로 정한다.

② 국가는 법률이 정하는 바에 의하여 재외국민을 보호할 의무를 진다.

제3조 대한민국의 영토는 한반도와 그 부속도서로 한다.

제4조 대한민국은 통일을 지향하며, 자유민주적 기본질서에 입각한 평화적 통일정책을 수립하고 이를 추진한다.

제5조 ① 대한민국은 국제평화의 유지에 노력하고 침략적 전쟁을 부인한다.

② 국군은 국가의 안전보장과 국토방위의 신성한 의무를 수행함을 사명으로 하며, 그 정치적 중립성은 준수된다.

제6조 ① 헌법에 의하여 체결·공포된 조약과 일반적으로 승인된 국제법규는 국내법과 같은 효력을 가진다.

② 외국인은 국제법과 조약이 정하는 바에 의하여 그 지위가 보장된다.

제7조 ① 공무원은 국민전체에 대한 봉사자이며, 국민에 대하여 책임을 진다.

② 공무원의 신분과 정치적 중립성은 법률이 정하는 바에 의하여 보장된다.

제8조 ① 정당의 설립은 자유이며, 복수정당제는 보장된다.

② 정당은 그 목적·조직과 활동이 민주적이어야 하며, 국민의 정

치적 의사형성에 참여하는데 필요한 조직을 가져야 한다.

③ 정당은 법률이 정하는 바에 의하여 국가의 보호를 받으며, 국가는 법률이 정하는 바에 의하여 정당운영에 필요한 자금을 보조할 수 있다.

④ 정당의 목적이나 활동이 민주적 기본질서에 위배될 때에는 정부는 헌법재판소에 그 해산을 제소할 수 있고, 정당은 헌법재판소의 심판에 의하여 해산된다.

제9조 국가는 전통문화의 계승·발전과 민족문화의 창달에 노력하여야 한다.

제2장 국민의 권리와 의무

제10조 모든 국민은 인간으로서의 존엄과 가치를 가지며, 행복을 추구할 권리를 가진다. 국가는 개인이 가지는 불가침의 기본적 인권을 확인하고 이를 보장할 의무를 진다.

제11조 ① 모든 국민은 법 앞에 평등하다. 누구든지 성별·종교 또는 사회적 신분에 의하여 정치적·경제적·사회적·문화적 생활의 모든 영역에 있어서 차별을 받지 아니한다.

② 사회적 특수계급의 제도는 인정되지 아니하며, 어떠한 형태로도 이를 창설할 수 없다.

③ 훈장등의 영전은 이를 받은 자에게만 효력이 있고, 어떠한 특권도 이에 따르지 아니한다.

제12조 ① 모든 국민은 신체의 자유를 가진다. 누구든지 법률에 의하지 아니하고는 체포·구속·압수·수색 또는 심문을 받지 아니하며, 법률과 적법한 절차에 의하지 아니하고는 처벌·보안처분 또는 강

제노역을 받지 아니한다.

② 모든 국민은 고문을 받지 아니하며, 형사상 자기에게 불리한 진술을 강요당하지 아니한다.

③ 체포·구속·압수 또는 수색을 할 때에는 적법한 절차에 따라 검사의 신청에 의하여 법관이 발부한 영장을 제시하여야 한다. 다만, 현행범인인 경우와 장기 3년 이상의 형에 해당하는 죄를 범하고 도피 또는 증거인멸의 염려가 있을 때에는 사후에 영장을 청구할 수 있다.

④ 누구든지 체포 또는 구속을 당한 때에는 즉시 변호인의 조력을 받을 권리를 가진다. 다만, 형사피고인이 스스로 변호인을 구할 수 없을 때에는 법률이 정하는 바에 의하여 국가가 변호인을 붙인다.

⑤ 누구든지 체포 또는 구속의 이유와 변호인의 조력을 받을 권리가 있음을 고지받지 아니하고는 체포 또는 구속을 당하지 아니한다. 체포 또는 구속을 당한 자의 가족등 법률이 정하는 자에게는 그 이유와 일시·장소가 지체없이 통지되어야 한다.

⑥ 누구든지 체포 또는 구속을 당한 때에는 적부의 심사를 법원에 청구할 권리를 가진다.

⑦ 피고인의 자백이 고문·폭행·협박·구속의 부당한 장기화 또는 기망 기타의 방법에 의하여 자의로 진술된 것이 아니라고 인정될 때 또는 정식재판에 있어서 피고인의 자백이 그에게 불리한 유일한 증거일 때에는 이를 유죄의 증거로 삼거나 이를 이유로 처벌할 수 없다.

제13조 ① 모든 국민은 행위시의 법률에 의하여 범죄를 구성하지 아니하는 행위로 소추되지 아니하며, 동일한 범죄에 대하여 거듭 처

벌받지 아니한다.

② 모든 국민은 소급입법에 의하여 참정권의 제한을 받거나 재산권을 박탈당하지 아니한다.

③ 모든 국민은 자기의 행위가 아닌 친족의 행위로 인하여 불이익한 처우를 받지 아니한다.

제14조 모든 국민은 거주·이전의 자유를 가진다.

제15조 모든 국민은 직업선택의 자유를 가진다.

제16조 모든 국민은 주거의 자유를 침해받지 아니한다. 주거에 대한 압수나 수색을 할 때에는 검사의 신청에 의하여 법관이 발부한 영장을 제시하여야 한다.

제17조 모든 국민은 사생활의 비밀과 자유를 침해받지 아니한다.

제18조 모든 국민은 통신의 비밀을 침해받지 아니한다.

제19조 모든 국민은 양심의 자유를 가진다.

제20조 ① 모든 국민은 종교의 자유를 가진다.

② 국교는 인정되지 아니하며, 종교와 정치는 분리된다.

제21조 ① 모든 국민은 언론·출판의 자유와 집회·결사의 자유를 가진다.

② 언론·출판에 대한 허가나 검열과 집회·결사에 대한 허가는 인정되지 아니한다.

③ 통신·방송의 시설기준과 신문의 기능을 보장하기 위하여 필요한 사항은 법률로 정한다.

④ 언론·출판은 타인의 명예나 권리 또는 공중도덕이나 사회윤리를 침해하여서는 아니된다. 언론·출판이 타인의 명예나 권리를 침해한 때에는 피해자는 이에 대한 피해의 배상을 청구할 수 있다.

제22조 ① 모든 국민은 학문과 예술의 자유를 가진다.

② 저작자·발명가·과학기술자와 예술가의 권리는 법률로써 보호한다.

제23조 ① 모든 국민의 재산권은 보장된다. 그 내용과 한계는 법률로 정한다.

② 재산권의 행사는 공공복리에 적합하도록 하여야 한다.

③ 공공필요에 의한 재산권의 수용·사용 또는 제한 및 그에 대한 보상은 법률로써 하되, 정당한 보상을 지급하여야 한다.

제24조 모든 국민은 법률이 정하는 바에 의하여 선거권을 가진다.

제25조 모든 국민은 법률이 정하는 바에 의하여 공무담임권을 가진다.

제26조 ① 모든 국민은 법률이 정하는 바에 의하여 국가기관에 문서로 청원할 권리를 가진다.

② 국가는 청원에 대하여 심사할 의무를 진다.

제27조 ① 모든 국민은 헌법과 법률이 정한 법관에 의하여 법률에 의한 재판을 받을 권리를 가진다.

② 군인 또는 군무원이 아닌 국민은 대한민국의 영역 안에서는 중대한 군사상 기밀·초병·초소·유독음식물공급·포로·군용물에 관한 죄중 법률이 정한 경우와 비상계엄이 선포된 경우를 제외하고는 군사법원의 재판을 받지 아니한다.

③ 모든 국민은 신속한 재판을 받을 권리를 가진다. 형사피고인은 상당한 이유가 없는 한 지체없이 공개재판을 받을 권리를 가진다.

④ 형사피고인은 유죄의 판결이 확정될 때까지는 무죄로 추정된다.

⑤ 형사피해자는 법률이 정하는 바에 의하여 당해 사건의 재판절차에서 진술할 수 있다.

제28조 형사피의자 또는 형사피고인으로서 구금되었던 자가 법률이 정하는 불기소처분을 받거나 무죄판결을 받은 때에는 법률이 정하는 바에 의하여 국가에 정당한 보상을 청구할 수 있다.

제29조 ① 공무원의 직무상 불법행위로 손해를 받은 국민은 법률이 정하는 바에 의하여 국가 또는 공공단체에 정당한 배상을 청구할 수 있다. 이 경우 공무원 자신의 책임은 면제되지 아니한다.

② 군인·군무원·경찰공무원 기타 법률이 정하는 자가 전투·훈련 등 직무집행과 관련하여 받은 손해에 대하여는 법률이 정하는 보상 외에 국가 또는 공공단체에 공무원의 직무상 불법행위로 인한 배상은 청구할 수 없다.

제30조 타인의 범죄행위로 인하여 생명·신체에 대한 피해를 받은 국민은 법률이 정하는 바에 의하여 국가로부터 구조를 받을 수 있다.

제31조 ① 모든 국민은 능력에 따라 균등하게 교육을 받을 권리를 가진다.

② 모든 국민은 그 보호하는 자녀에게 적어도 초등교육과 법률이 정하는 교육을 받게 할 의무를 진다.

③ 의무교육은 무상으로 한다.

④ 교육의 자주성·전문성·정치적 중립성 및 대학의 자율성은 법률이 정하는 바에 의하여 보장된다.

⑤ 국가는 평생교육을 진흥하여야 한다.

⑥ 학교교육 및 평생교육을 포함한 교육제도와 그 운영, 교육재정 및 교원의 지위에 관한 기본적인 사항은 법률로 정한다.

제32조 ① 모든 국민은 근로의 권리를 가진다. 국가는 사회적·경제적 방법으로 근로자의 고용의 증진과 적정임금의 보장에 노력하여야

하며, 법률이 정하는 바에 의하여 최저임금제를 시행하여야 한다.

② 모든 국민은 근로의 의무를 진다. 국가는 근로의 의무의 내용과 조건을 민주주의원칙에 따라 법률로 정한다.

③ 근로조건의 기준은 인간의 존엄성을 보장하도록 법률로 정한다.

④ 여자의 근로는 특별한 보호를 받으며, 고용·임금 및 근로조건에 있어서 부당한 차별을 받지 아니한다.

⑤ 연소자의 근로는 특별한 보호를 받는다.

⑥ 국가유공자·상이군경 및 전몰군경의 유가족은 법률이 정하는 바에 의하여 우선적으로 근로의 기회를 부여받는다.

제33조 ① 근로자는 근로조건의 향상을 위하여 자주적인 단결권·단체교섭권 및 단체행동권을 가진다.

② 공무원인 근로자는 법률이 정하는 자에 한하여 단결권·단체교섭권 및 단체행동권을 가진다.

③ 법률이 정하는 주요방위산업체에 종사하는 근로자의 단체행동권은 법률이 정하는 바에 의하여 이를 제한하거나 인정하지 아니할 수 있다.

제34조 ① 모든 국민은 인간다운 생활을 할 권리를 가진다.

② 국가는 사회보장·사회복지의 증진에 노력할 의무를 진다.

③ 국가는 여자의 복지와 권익의 향상을 위하여 노력하여야 한다.

④ 국가는 노인과 청소년의 복지향상을 위한 정책을 실시할 의무를 진다.

⑤ 신체장애자 및 질병·노령 기타의 사유로 생활능력이 없는 국민은 법률이 정하는 바에 의하여 국가의 보호를 받는다.

⑥ 국가는 재해를 예방하고 그 위험으로부터 국민을 보호하기 위

하여 노력하여야 한다.

제35조 ① 모든 국민은 건강하고 쾌적한 환경에서 생활할 권리를 가지며, 국가와 국민은 환경보전을 위하여 노력하여야 한다.

② 환경권의 내용과 행사에 관하여는 법률로 정한다.

③ 국가는 주택개발정책등을 통하여 모든 국민이 쾌적한 주거생활을 할 수 있도록 노력하여야 한다.

제36조 ① 혼인과 가족생활은 개인의 존엄과 양성의 평등을 기초로 성립되고 유지되어야 하며, 국가는 이를 보장한다.

② 국가는 모성의 보호를 위하여 노력하여야 한다.

③ 모든 국민은 보건에 관하여 국가의 보호를 받는다.

제37조 ① 국민의 자유와 권리는 헌법에 열거되지 아니한 이유로 경시되지 아니한다.

② 국민의 모든 자유와 권리는 국가안전보장·질서유지 또는 공공복리를 위하여 필요한 경우에 한하여 법률로써 제한할 수 있으며, 제한하는 경우에도 자유와 권리의 본질적인 내용을 침해할 수 없다.

제38조 모든 국민은 법률이 정하는 바에 의하여 납세의 의무를 진다.

제39조 ① 모든 국민은 법률이 정하는 바에 의하여 국방의 의무를 진다.

② 누구든지 병역의무의 이행으로 인하여 불이익한 처우를 받지 아니한다.

제3장 국회

제40조 입법권은 국회에 속한다.

제41조 ① 국회는 국민의 보통·평등·직접·비밀선거에 의하여 선출된 국회의원으로 구성한다.

② 국회의원의 수는 법률로 정하되, 200인 이상으로 한다.

③ 국회의원의 선거구와 비례대표제 기타 선거에 관한 사항은 법률로 정한다.

제42조 국회의원의 임기는 4년으로 한다.

제43조 국회의원은 법률이 정하는 직을 겸할 수 없다.

제44조 ① 국회의원은 현행범인인 경우를 제외하고는 회기 중 국회의 동의없이 체포 또는 구금되지 아니한다.

② 국회의원이 회기 전에 체포 또는 구금된 때에는 현행범인이 아닌 한 국회의 요구가 있으면 회기 중 석방된다.

제45조 국회의원은 국회에서 직무상 행한 발언과 표결에 관하여 국회 외에서 책임을 지지 아니한다.

제46조 ① 국회의원은 청렴의 의무가 있다.

② 국회의원은 국가이익을 우선하여 양심에 따라 직무를 행한다.

③ 국회의원은 그 지위를 남용하여 국가·공공단체 또는 기업체와의 계약이나 그 처분에 의하여 재산상의 권리·이익 또는 직위를 취득하거나 타인을 위하여 그 취득을 알선할 수 없다.

제47조 ① 국회의 정기회는 법률이 정하는 바에 의하여 매년 1회 집회되며, 국회의 임시회는 대통령 또는 국회재적의원 4분의 1 이상의 요구에 의하여 집회된다.

② 정기회의 회기는 100일을, 임시회의 회기는 30일을 초과할 수 없다.

③ 대통령이 임시회의 집회를 요구할 때에는 기간과 집회요구의 이유를 명시하여야 한다.

제48조 국회는 의장 1인과 부의장 2인을 선출한다.

제49조 국회는 헌법 또는 법률에 특별한 규정이 없는 한 재적의원 과반수의 출석과 출석의원 과반수의 찬성으로 의결한다. 가부동수인 때에는 부결된 것으로 본다.

제50조 ① 국회의 회의는 공개한다. 다만, 출석의원 과반수의 찬성이 있거나 의장이 국가의 안전보장을 위하여 필요하다고 인정할 때에는 공개하지 아니할 수 있다.

② 공개하지 아니한 회의내용의 공표에 관하여는 법률이 정하는 바에 의한다.

제51조 국회에 제출된 법률안 기타의 의안은 회기 중에 의결되지 못한 이유로 폐기되지 아니한다. 다만, 국회의원의 임기가 만료된 때에는 그러하지 아니하다.

제52조 국회의원과 정부는 법률안을 제출할 수 있다.

제53조 ① 국회에서 의결된 법률안은 정부에 이송되어 15일 이내에 대통령이 공포한다.

② 법률안에 이의가 있을 때에는 대통령은 제1항의 기간내에 이의서를 붙여 국회로 환부하고, 그 재의를 요구할 수 있다. 국회의 폐회 중에도 또한 같다.

③ 대통령은 법률안의 일부에 대하여 또는 법률안을 수정하여 재의를 요구할 수 없다.

④ 재의의 요구가 있을 때에는 국회는 재의에 붙이고, 재적의원 과반수의 출석과 출석의원 3분의 2 이상의 찬성으로 전과 같은 의결을 하면 그 법률안은 법률로서 확정된다.

⑤ 대통령이 제1항의 기간 내에 공포나 재의의 요구를 하지 아니한 때에도 그 법률안은 법률로서 확정된다.

⑥ 대통령은 제4항과 제5항의 규정에 의하여 확정된 법률을 지체 없이 공포하여야 한다. 제5항에 의하여 법률이 확정된 후 또는 제4항에 의한 확정법률이 정부에 이송된 후 5일 이내에 대통령이 공포하지 아니할 때에는 국회의장이 이를 공포한다.

⑦ 법률은 특별한 규정이 없는 한 공포한 날로부터 20일을 경과함으로써 효력을 발생한다.

제54조 ① 국회는 국가의 예산안을 심의·확정한다.

② 정부는 회계연도마다 예산안을 편성하여 회계연도 개시 90일 전까지 국회에 제출하고, 국회는 회계연도 개시 30일 전까지 이를 의결하여야 한다.

③ 새로운 회계연도가 개시될 때까지 예산안이 의결되지 못한 때에는 정부는 국회에서 예산안이 의결될 때까지 다음의 목적을 위한 경비는 전년도 예산에 준하여 집행할 수 있다.

1. 헌법이나 법률에 의하여 설치된 기관 또는 시설의 유지·운영

2. 법률상 지출의무의 이행

3. 이미 예산으로 승인된 사업의 계속

제55조 ① 한 회계연도를 넘어 계속하여 지출할 필요가 있을 때에는 정부는 연한을 정하여 계속비로서 국회의 의결을 얻어야 한다.

② 예비비는 총액으로 국회의 의결을 얻어야 한다. 예비비의 지출은 차기국회의 승인을 얻어야 한다.

제56조 정부는 예산에 변경을 가할 필요가 있을 때에는 추가경정예산안을 편성하여 국회에 제출할 수 있다.

제57조 국회는 정부의 동의 없이 정부가 제출한 지출예산 각항의 금액을 증가하거나 새 비목을 설치할 수 없다.

제58조 국채를 모집하거나 예산 외에 국가의 부담이 될 계약을 체결하려 할 때에는 정부는 미리 국회의 의결을 얻어야 한다.

제59조 조세의 종목과 세율은 법률로 정한다.

제60조 ① 국회는 상호원조 또는 안전보장에 관한 조약, 중요한 국제조직에 관한 조약, 우호통상항해조약, 주권의 제약에 관한 조약, 강화조약, 국가나 국민에게 중대한 재정적 부담을 지우는 조약 또는 입법사항에 관한 조약의 체결·비준에 대한 동의권을 가진다.

② 국회는 선전포고, 국군의 외국에의 파견 또는 외국군대의 대한민국 영역 안에서의 주류에 대한 동의권을 가진다.

제61조 ① 국회는 국정을 감사하거나 특정한 국정사안에 대하여 조사할 수 있으며, 이에 필요한 서류의 제출 또는 증인의 출석과 증언이나 의견의 진술을 요구할 수 있다.

② 국정감사 및 조사에 관한 절차 기타 필요한 사항은 법률로 정한다.

제62조 ① 국무총리·국무위원 또는 정부위원은 국회나 그 위원회에 출석하여 국정처리상황을 보고하거나 의견을 진술하고 질문에 응답할 수 있다.

② 국회나 그 위원회의 요구가 있을 때에는 국무총리·국무위원 또는 는 정부위원은 출석·답변하여야 하며, 국무총리 또는 국무위원이 출석요구를 받은 때에는 국무위원 또는 정부위원으로 하여금 출석·답변하게 할 수 있다.

제63조 ① 국회는 국무총리 또는 국무위원의 해임을 대통령에게 건의할 수 있다.

② 제1항의 해임건의는 국회재적의원 3분의 1 이상의 발의에 의하여 국회재적의원 과반수의 찬성이 있어야 한다.

제64조 ① 국회는 법률에 저촉되지 아니하는 범위 안에서 의사와 내부규율에 관한 규칙을 제정할 수 있다.

② 국회는 의원의 자격을 심사하며, 의원을 징계할 수 있다.

③ 의원을 제명하려면 국회재적의원 3분의 2 이상의 찬성이 있어야 한다.

④ 제2항과 제3항의 처분에 대하여는 법원에 제소할 수 없다.

제65조 ① 대통령·국무총리·국무위원·행정각부의 장·헌법재판소 재판관·법관·중앙선거관리위원회 위원·감사원장·감사위원 기타 법률이 정한 공무원이 그 직무집행에 있어서 헌법이나 법률을 위배한 때에는 국회는 탄핵의 소추를 의결할 수 있다.

② 제1항의 탄핵소추는 국회재적의원 3분의 1 이상의 발의가 있어야 하며, 그 의결은 국회재적의원 과반수의 찬성이 있어야 한다. 다만, 대통령에 대한 탄핵소추는 국회재적의원 과반수의 발의와 국회재적의원 3분의 2 이상의 찬성이 있어야 한다.

③ 탄핵소추의 의결을 받은 자는 탄핵심판이 있을 때까지 그 권한행사가 정지된다.

④ 탄핵결정은 공직으로부터 파면함에 그친다. 그러나, 이에 의하여 민사상이나 형사상의 책임이 면제되지는 아니한다.

제4장 정부

제1절 대통령

제66조 ① 대통령은 국가의 원수이며, 외국에 대하여 국가를 대표한다.

② 대통령은 국가의 독립·영토의 보전·국가의 계속성과 헌법을 수호할 책무를 진다.

③ 대통령은 조국의 평화적 통일을 위한 성실한 의무를 진다.

④ 행정권은 대통령을 수반으로 하는 정부에 속한다.

제67조 ① 대통령은 국민의 보통·평등·직접·비밀선거에 의하여 선출한다.

② 제1항의 선거에 있어서 최고득표자가 2인 이상인 때에는 국회의 재적의원 과반수가 출석한 공개회의에서 다수표를 얻은 자를 당선자로 한다.

③ 대통령후보자가 1인일 때에는 그 득표수가 선거권자 총수의 3분의 1 이상이 아니면 대통령으로 당선될 수 없다.

④ 대통령으로 선거될 수 있는 자는 국회의원의 피선거권이 있고 선거일 현재 40세에 달하여야 한다.

⑤ 대통령의 선거에 관한 사항은 법률로 정한다.

제68조 ① 대통령의 임기가 만료되는 때에는 임기만료 70일 내지 40일 전에 후임자를 선거한다.

② 대통령이 궐위된 때 또는 대통령 당선자가 사망하거나 판결 기타의 사유로 그 자격을 상실한 때에는 60일 이내에 후임자를 선거한다.

제69조 대통령은 취임에 즈음하여 다음의 선서를 한다.

"나는 헌법을 준수하고 국가를 보위하며 조국의 평화적 통일과 국민의 자유와 복리의 증진 및 민족문화의 창달에 노력하여 대통령으로서의 직책을 성실히 수행할 것을 국민 앞에 엄숙히 선서합니다."

제70조 대통령의 임기는 5년으로 하며, 중임할 수 없다.

제71조 대통령이 궐위되거나 사고로 인하여 직무를 수행할 수 없을 때에는 국무총리, 법률이 정한 국무위원의 순서로 그 권한을 대행

한다.

제72조 대통령은 필요하다고 인정할 때에는 외교·국방·통일 기타 국가안위에 관한 중요정책을 국민투표에 붙일 수 있다.

제73조 대통령은 조약을 체결·비준하고, 외교사절을 신임·접수 또는 파견하며, 선전포고와 강화를 한다.

제74조 ① 대통령은 헌법과 법률이 정하는 바에 의하여 국군을 통수한다.

② 국군의 조직과 편성은 법률로 정한다.

제75조 대통령은 법률에서 구체적으로 범위를 정하여 위임받은 사항과 법률을 집행하기 위하여 필요한 사항에 관하여 대통령령을 발할 수 있다.

제76조 ① 대통령은 내우·외환·천재·지변 또는 중대한 재정·경제상의 위기에 있어서 국가의 안전보장 또는 공공의 안녕질서를 유지하기 위하여 긴급한 조치가 필요하고 국회의 집회를 기다릴 여유가 없을 때에 한하여 최소한으로 필요한 재정·경제상의 처분을 하거나 이에 관하여 법률의 효력을 가지는 명령을 발할 수 있다.

② 대통령은 국가의 안위에 관계되는 중대한 교전상태에 있어서 국가를 보위하기 위하여 긴급한 조치가 필요하고 국회의 집회가 불가능한 때에 한하여 법률의 효력을 가지는 명령을 발할 수 있다.

③ 대통령은 제1항과 제2항의 처분 또는 명령을 한 때에는 지체없이 국회에 보고하여 그 승인을 얻어야 한다.

④ 제3항의 승인을 얻지 못한 때에는 그 처분 또는 명령은 그때부터 효력을 상실한다. 이 경우 그 명령에 의하여 개정 또는 폐지되었던 법률은 그 명령이 승인을 얻지 못한 때부터 당연히 효력을 회복

한다.

⑤ 대통령은 제3항과 제4항의 사유를 지체없이 공포하여야 한다.

제77조 ① 대통령은 전시·사변 또는 이에 준하는 국가비상사태에 있어서 병력으로써 군사상의 필요에 응하거나 공공의 안녕질서를 유지할 필요가 있을 때에는 법률이 정하는 바에 의하여 계엄을 선포할 수 있다.

② 계엄은 비상계엄과 경비계엄으로 한다.

③ 비상계엄이 선포된 때에는 법률이 정하는 바에 의하여 영장제도, 언론·출판·집회·결사의 자유, 정부나 법원의 권한에 관하여 특별한 조치를 할 수 있다.

④ 계엄을 선포한 때에는 대통령은 지체없이 국회에 통고하여야 한다.

⑤ 국회가 재적의원 과반수의 찬성으로 계엄의 해제를 요구한 때에는 대통령은 이를 해제하여야 한다.

제78조 대통령은 헌법과 법률이 정하는 바에 의하여 공무원을 임면한다.

제79조 ① 대통령은 법률이 정하는 바에 의하여 사면·감형 또는 복권을 명할 수 있다.

② 일반사면을 명하려면 국회의 동의를 얻어야 한다.

③ 사면·감형 및 복권에 관한 사항은 법률로 정한다.

제80조 대통령은 법률이 정하는 바에 의하여 훈장 기타의 영전을 수여한다.

제81조 대통령은 국회에 출석하여 발언하거나 서한으로 의견을 표시할 수 있다.

제82조 대통령의 국법상 행위는 문서로써 하며, 이 문서에는 국무총

리와 관계 국무위원이 부서한다. 군사에 관한 것도 또한 같다.

제83조 대통령은 국무총리·국무위원·행정각부의 장 기타 법률이 정하는 공사의 직을 겸할 수 없다.

제84조 대통령은 내란 또는 외환의 죄를 범한 경우를 제외하고는 재직 중 형사상의 소추를 받지 아니한다.

제85조 전직대통령의 신분과 예우에 관하여는 법률로 정한다.

제2절 행정부
제1관 국무총리와 국무위원
제86조 ① 국무총리는 국회의 동의를 얻어 대통령이 임명한다.

② 국무총리는 대통령을 보좌하며, 행정에 관하여 대통령의 명을 받아 행정각부를 통할한다.

③ 군인은 현역을 면한 후가 아니면 국무총리로 임명될 수 없다.

제87조 ① 국무위원은 국무총리의 제청으로 대통령이 임명한다.

② 국무위원은 국정에 관하여 대통령을 보좌하며, 국무회의의 구성원으로서 국정을 심의한다.

③ 국무총리는 국무위원의 해임을 대통령에게 건의할 수 있다.

④ 군인은 현역을 면한 후가 아니면 국무위원으로 임명될 수 없다.

제2관 국무회의
제88조 ① 국무회의는 정부의 권한에 속하는 중요한 정책을 심의한다.

② 국무회의는 대통령·국무총리와 15인 이상 30인 이하의 국무위원으로 구성한다.

③ 대통령은 국무회의의 의장이 되고, 국무총리는 부의장이 된다.

제89조 다음 사항은 국무회의의 심의를 거쳐야 한다.

1. 국정의 기본계획과 정부의 일반정책

2. 선전·강화 기타 중요한 대외정책

3. 헌법개정안·국민투표안·조약안·법률안 및 대통령령안

4. 예산안·결산·국유재산처분의 기본계획·국가의 부담이 될 계약 기타 재정에 관한 중요사항

5. 대통령의 긴급명령·긴급재정경제처분 및 명령 또는 계엄과 그 해제

6. 군사에 관한 중요사항

7. 국회의 임시회 집회의 요구

8. 영전수여

9. 사면·감형과 복권

10. 행정각부간의 권한의 획정

11. 정부 안의 권한의 위임 또는 배정에 관한 기본계획

12. 국정처리상황의 평가·분석

13. 행정각부의 중요한 정책의 수립과 조정

14. 정당해산의 제소

15. 정부에 제출 또는 회부된 정부의 정책에 관계되는 청원의 심사

16. 검찰총장·합동참모의장·각군참모총장·국립대학교총장·대사 기타 법률이 정한 공무원과 국영기업체관리자의 임명

17. 기타 대통령·국무총리 또는 국무위원이 제출한 사항

제90조 ① 국정의 중요한 사항에 관한 대통령의 자문에 응하기 위하여 국가원로로 구성되는 국가원로자문회의를 둘 수 있다.

② 국가원로자문회의의 의장은 직전대통령이 된다. 다만, 직전대통

령이 없을 때에는 대통령이 지명한다.

③ 국가원로자문회의의 조직·직무범위 기타 필요한 사항은 법률로 정한다.

제91조 ① 국가안전보장에 관련되는 대외정책·군사정책과 국내정책의 수립에 관하여 국무회의의 심의에 앞서 대통령의 자문에 응하기 위하여 국가안전보장회의를 둔다.

② 국가안전보장회의는 대통령이 주재한다.

③ 국가안전보장회의의 조직·직무범위 기타 필요한 사항은 법률로 정한다.

제92조 ① 평화통일정책의 수립에 관한 대통령의 자문에 응하기 위하여 민주평화통일자문회의를 둘 수 있다.

② 민주평화통일자문회의의 조직·직무범위 기타 필요한 사항은 법률로 정한다.

제93조 ① 국민경제의 발전을 위한 중요정책의 수립에 관하여 대통령의 자문에 응하기 위하여 국민경제자문회의를 둘 수 있다.

② 국민경제자문회의의 조직·직무범위 기타 필요한 사항은 법률로 정한다.

제3관 행정각부

제94조 행정각부의 장은 국무위원 중에서 국무총리의 제청으로 대통령이 임명한다.

제95조 국무총리 또는 행정각부의 장은 소관사무에 관하여 법률이나 대통령령의 위임 또는 직권으로 총리령 또는 부령을 발할 수 있다.

제96조 행정각부의 설치·조직과 직무범위는 법률로 정한다.

제4관 감사원

제97조 국가의 세입·세출의 결산, 국가 및 법률이 정한 단체의 회계 검사와 행정기관 및 공무원의 직무에 관한 감찰을 하기 위하여 대통령 소속하에 감사원을 둔다.

제98조 ① 감사원은 원장을 포함한 5인 이상 11인 이하의 감사위원으로 구성한다.

② 원장은 국회의 동의를 얻어 대통령이 임명하고, 그 임기는 4년으로 하며, 1차에 한하여 중임할 수 있다.

③ 감사위원은 원장의 제청으로 대통령이 임명하고, 그 임기는 4년으로 하며, 1차에 한하여 중임할 수 있다.

제99조 감사원은 세입·세출의 결산을 매년 검사하여 대통령과 차년도국회에 그 결과를 보고하여야 한다.

제100조 감사원의 조직·직무범위·감사위원의 자격·감사대상공무원의 범위 기타 필요한 사항은 법률로 정한다.

제5장 법원

제101조 ① 사법권은 법관으로 구성된 법원에 속한다.

② 법원은 최고법원인 대법원과 각급법원으로 조직된다.

③ 법관의 자격은 법률로 정한다.

제102조 ① 대법원에 부를 둘 수 있다.

② 대법원에 대법관을 둔다. 다만, 법률이 정하는 바에 의하여 대법관이 아닌 법관을 둘 수 있다.

③ 대법원과 각급법원의 조직은 법률로 정한다.

제103조 법관은 헌법과 법률에 의하여 그 양심에 따라 독립하여 심판

한다.

제104조 ① 대법원장은 국회의 동의를 얻어 대통령이 임명한다.

② 대법관은 대법원장의 제청으로 국회의 동의를 얻어 대통령이 임명한다.

③ 대법원장과 대법관이 아닌 법관은 대법관회의의 동의를 얻어 대법원장이 임명한다.

제105조 ① 대법원장의 임기는 6년으로 하며, 중임할 수 없다.

② 대법관의 임기는 6년으로 하며, 법률이 정하는 바에 의하여 연임할 수 있다.

③ 대법원장과 대법관이 아닌 법관의 임기는 10년으로 하며, 법률이 정하는 바에 의하여 연임할 수 있다.

④ 법관의 정년은 법률로 정한다.

제106조 ① 법관은 탄핵 또는 금고 이상의 형의 선고에 의하지 아니하고는 파면되지 아니하며, 징계처분에 의하지 아니하고는 정직·감봉 기타 불리한 처분을 받지 아니한다.

② 법관이 중대한 심신상의 장해로 직무를 수행할 수 없을 때에는 법률이 정하는 바에 의하여 퇴직하게 할 수 있다.

제107조 ① 법률이 헌법에 위반되는 여부가 재판의 전제가 된 경우에는 법원은 헌법재판소에 제청하여 그 심판에 의하여 재판한다.

② 명령·규칙 또는 처분이 헌법이나 법률에 위반되는 여부가 재판의 전제가 된 경우에는 대법원은 이를 최종적으로 심사할 권한을 가진다.

③ 재판의 전심절차로서 행정심판을 할 수 있다. 행정심판의 절차는 법률로 정하되, 사법절차가 준용되어야 한다.

제108조 대법원은 법률에 저촉되지 아니하는 범위 안에서 소송에 관한 절차, 법원의 내부규율과 사무처리에 관한 규칙을 제정할 수 있다.

제109조 재판의 심리와 판결은 공개한다. 다만, 심리는 국가의 안전보장 또는 안녕질서를 방해하거나 선량한 풍속을 해할 염려가 있을 때에는 법원의 결정으로 공개하지 아니할 수 있다.

제110조 ① 군사재판을 관할하기 위하여 특별법원으로서 군사법원을 둘 수 있다.

② 군사법원의 상고심은 대법원에서 관할한다.

③ 군사법원의 조직·권한 및 재판관의 자격은 법률로 정한다.

④ 비상계엄하의 군사재판은 군인·군무원의 범죄나 군사에 관한 간첩죄의 경우와 초병·초소·유독음식물공급·포로에 관한 죄 중 법률이 정한 경우에 한하여 단심으로 할 수 있다. 다만, 사형을 선고한 경우에는 그러하지 아니하다.

제6장 헌법재판소

제111조 ① 헌법재판소는 다음 사항을 관장한다.

1. 법원의 제청에 의한 법률의 위헌여부 심판

2. 탄핵의 심판

3. 정당의 해산 심판

4. 국가기관 상호간, 국가기관과 지방자치단체간 및 지방자치단체 상호간의 권한쟁의에 관한 심판

5. 법률이 정하는 헌법소원에 관한 심판

② 헌법재판소는 법관의 자격을 가진 9인의 재판관으로 구성하며, 재판관은 대통령이 임명한다.

③ 제2항의 재판관중 3인은 국회에서 선출하는 자를, 3인은 대법원장이 지명하는 자를 임명한다.

④ 헌법재판소의 장은 국회의 동의를 얻어 재판관 중에서 대통령이 임명한다.

제112조 ① 헌법재판소 재판관의 임기는 6년으로 하며, 법률이 정하는 바에 의하여 연임할 수 있다.

② 헌법재판소 재판관은 정당에 가입하거나 정치에 관여할 수 없다.

③ 헌법재판소 재판관은 탄핵 또는 금고 이상의 형의 선고에 의하지 아니하고는 파면되지 아니한다.

제113조 ① 헌법재판소에서 법률의 위헌결정, 탄핵의 결정, 정당해산의 결정 또는 헌법소원에 관한 인용결정을 할 때에는 재판관 6인이상의 찬성이 있어야 한다.

② 헌법재판소는 법률에 저촉되지 아니하는 범위 안에서 심판에 관한 절차, 내부규율과 사무처리에 관한 규칙을 제정할 수 있다.

③ 헌법재판소의 조직과 운영 기타 필요한 사항은 법률로 정한다.

제7장 선거관리

제114조 ① 선거와 국민투표의 공정한 관리 및 정당에 관한 사무를 처리하기 위하여 선거관리위원회를 둔다.

② 중앙선거관리위원회는 대통령이 임명하는 3인, 국회에서 선출하는 3인과 대법원장이 지명하는 3인의 위원으로 구성한다. 위원장은 위원 중에서 호선한다.

③ 위원의 임기는 6년으로 한다.

④ 위원은 정당에 가입하거나 정치에 관여할 수 없다.

⑤ 위원은 탄핵 또는 금고 이상의 형의 선고에 의하지 아니하고는 파면되지 아니한다.

⑥ 중앙선거관리위원회는 법령의 범위 안에서 선거관리·국민투표 관리 또는 정당사무에 관한 규칙을 제정할 수 있으며, 법률에 저촉되지 아니하는 범위 안에서 내부규율에 관한 규칙을 제정할 수 있다.

⑦ 각급 선거관리위원회의 조직·직무범위 기타 필요한 사항은 법률로 정한다.

제115조 ① 각급 선거관리위원회는 선거인명부의 작성 등 선거사무와 국민투표사무에 관하여 관계 행정기관에 필요한 지시를 할 수 있다.

② 제1항의 지시를 받은 당해 행정기관은 이에 응하여야 한다.

제116조 ① 선거운동은 각급 선거관리위원회의 관리하에 법률이 정하는 범위 안에서 하되, 균등한 기회가 보장되어야 한다.

② 선거에 관한 경비는 법률이 정하는 경우를 제외하고는 정당 또는 후보자에게 부담시킬 수 없다.

제8장 지방자치

제117조 ① 지방자치단체는 주민의 복리에 관한 사무를 처리하고 재산을 관리하며, 법령의 범위 안에서 자치에 관한 규정을 제정할 수 있다.

② 지방자치단체의 종류는 법률로 정한다.

제118조 ① 지방자치단체에 의회를 둔다.

② 지방의회의 조직·권한·의원선거와 지방자치단체의 장의 선임방법 기타 지방자치단체의 조직과 운영에 관한 사항은 법률로 정

한다.

제9장 경제

제119조 ① 대한민국의 경제질서는 개인과 기업의 경제상의 자유와 창의를 존중함을 기본으로 한다.

② 국가는 균형있는 국민경제의 성장 및 안정과 적정한 소득의 분배를 유지하고, 시장의 지배와 경제력의 남용을 방지하며, 경제주체간의 조화를 통한 경제의 민주화를 위하여 경제에 관한 규제와 조정을 할 수 있다.

제120조 ① 광물 기타 중요한 지하자원·수산자원·수력과 경제상 이용할 수 있는 자연력은 법률이 정하는 바에 의하여 일정한 기간 그 채취·개발 또는 이용을 특허할 수 있다.

② 국토와 자원은 국가의 보호를 받으며, 국가는 그 균형있는 개발과 이용을 위하여 필요한 계획을 수립한다.

제121조 ① 국가는 농지에 관하여 경자유전의 원칙이 달성될 수 있도록 노력하여야 하며, 농지의 소작제도는 금지된다.

② 농업생산성의 제고와 농지의 합리적인 이용을 위하거나 불가피한 사정으로 발생하는 농지의 임대차와 위탁경영은 법률이 정하는 바에 의하여 인정된다.

제122조 국가는 국민 모두의 생산 및 생활의 기반이 되는 국토의 효율적이고 균형있는 이용·개발과 보전을 위하여 법률이 정하는 바에 의하여 그에 관한 필요한 제한과 의무를 과할 수 있다.

제123조 ① 국가는 농업 및 어업을 보호·육성하기 위하여 농·어촌종합개발과 그 지원등 필요한 계획을 수립·시행하여야 한다.

② 국가는 지역간의 균형있는 발전을 위하여 지역경제를 육성할 의무를 진다.

③ 국가는 중소기업을 보호·육성하여야 한다.

④ 국가는 농수산물의 수급균형과 유통구조의 개선에 노력하여 가격안정을 도모함으로써 농·어민의 이익을 보호한다.

⑤ 국가는 농·어민과 중소기업의 자조조직을 육성하여야 하며, 그 자율적 활동과 발전을 보장한다.

제124조 국가는 건전한 소비행위를 계도하고 생산품의 품질향상을 촉구하기 위한 소비자보호운동을 법률이 정하는 바에 의하여 보장한다.

제125조 국가는 대외무역을 육성하며, 이를 규제·조정할 수 있다.

제126조 국방상 또는 국민경제상 긴절한 필요로 인하여 법률이 정하는 경우를 제외하고는, 사영기업을 국유 또는 공유로 이전하거나 그 경영을 통제 또는 관리할 수 없다.

제127조 ① 국가는 과학기술의 혁신과 정보 및 인력의 개발을 통하여 국민경제의 발전에 노력하여야 한다.

② 국가는 국가표준제도를 확립한다.

③ 대통령은 제1항의 목적을 달성하기 위하여 필요한 자문기구를 둘 수 있다.

제10장 헌법개정

제128조 ① 헌법개정은 국회재적의원 과반수 또는 대통령의 발의로 제안된다.

② 대통령의 임기연장 또는 중임변경을 위한 헌법개정은 그 헌법

개정 제안 당시의 대통령에 대하여는 효력이 없다.

제129조 제안된 헌법개정안은 대통령이 20일 이상의 기간 이를 공고하여야 한다.

제130조 ① 국회는 헌법개정안이 공고된 날로부터 60일 이내에 의결하여야 하며, 국회의 의결은 재적의원 3분의 2 이상의 찬성을 얻어야 한다.

② 헌법개정안은 국회가 의결한 후 30일 이내에 국민투표에 붙여 국회의원선거권자 과반수의 투표와 투표자 과반수의 찬성을 얻어야 한다.

③ 헌법개정안이 제2항의 찬성을 얻은 때에는 헌법개정은 확정되며, 대통령은 즉시 이를 공포하여야 한다.

부칙 〈제10호, 1987. 10. 29.〉

제1조 이 헌법은 1988년 2월 25일부터 시행한다. 다만, 이 헌법을 시행하기 위하여 필요한 법률의 제정·개정과 이 헌법에 의한 대통령 및 국회의원의 선거 기타 이 헌법시행에 관한 준비는 이 헌법시행 전에 할 수 있다.

제2조 ① 이 헌법에 의한 최초의 대통령선거는 이 헌법시행일 40일 전까지 실시한다.

② 이 헌법에 의한 최초의 대통령의 임기는 이 헌법시행일로부터 개시한다.

제3조 ① 이 헌법에 의한 최초의 국회의원선거는 이 헌법공포일로부터 6월 이내에 실시하며, 이 헌법에 의하여 선출된 최초의 국회의원의 임기는 국회의원선거후 이 헌법에 의한 국회의 최초의 집회

일로부터 개시한다.

② 이 헌법공포 당시의 국회의원의 임기는 제1항에 의한 국회의 최초의 집회일 전일까지로 한다.

제4조 ① 이 헌법시행 당시의 공무원과 정부가 임명한 기업체의 임원은 이 헌법에 의하여 임명된 것으로 본다. 다만, 이 헌법에 의하여 선임방법이나 임명권자가 변경된 공무원과 대법원장 및 감사원장은 이 헌법에 의하여 후임자가 선임될 때까지 그 직무를 행하며, 이 경우 전임자인 공무원의 임기는 후임자가 선임되는 전일까지로 한다.

② 이 헌법시행 당시의 대법원장과 대법원판사가 아닌 법관은 제1항 단서의 규정에 불구하고 이 헌법에 의하여 임명된 것으로 본다.

③ 이 헌법 중 공무원의 임기 또는 중임제한에 관한 규정은 이 헌법에 의하여 그 공무원이 최초로 선출 또는 임명된 때로부터 적용한다.

제5조 이 헌법시행 당시의 법령과 조약은 이 헌법에 위배되지 아니하는 한 그 효력을 지속한다.

제6조 이 헌법시행 당시에 이 헌법에 의하여 새로 설치될 기관의 권한에 속하는 직무를 행하고 있는 기관은 이 헌법에 의하여 새로운 기관이 설치될 때까지 존속하며 그 직무를 행한다.